いまさら聞けない
マーケティングの基本のはなし

一橋大学経営管理研究科教授
松井剛

河出書房新社

目次

第3部 人間の決め方を見る

第4部 人間の人間らしいところを見る

第5部 人間の文化的なところを見る

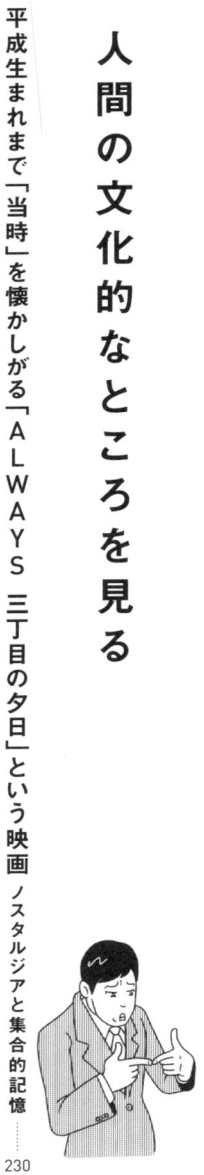

はじめに

マーケティングにいちばん役に立つツールは「ことば」。ことばはサーチライトです。

こんにちは。松井剛（まついたけし）と申します。東京の片田舎にある一橋大学というところでマーケティングに関わる研究や教育に18年間たずさわってきました。学生からは「まつたけ」と呼ばれています。木村拓哉さんが「キムタク」と呼ばれ、小沢健二さんが「オザケン」と呼ばれ、浜田幸一さんが「ハマコー」と呼ばれていたのと同じことですね。

このところずっと学部生に「消費者行動論」という科目を教えています。消費者行動論は、ごくごく簡単に言うと、「なんでそんなものを買ってしまったのか（あるいは買わなかったのか）?」ということを考える学問分野です。学生は、ペンケースとか、パソコンとか、タブレットとか、ペットボトルのお茶とか、あるいはタダでもらったレッドブルとかを机の上に置いて、授業を聞いています（あるときなど、ぼくのゼミにいる男子が、ひと房のバナナを机の上に置いていたこともありました）。レッドブルは別にして、これらはみんなどこかで買ったものです。世の中には、無限とも言えるモノやサービスで充ち満ちています。その学生が、なぜ、どのようにして机の上に置いたモノたちと邂逅し、所有するに至ったのだろうか？　ちょっと大げさに書いてみましたが、考えてみると不思議に思いませんか？　その不思議を解き明かすためのたくさんのツールを授業で紹介しています。

ここで言うツールとは、ことばで示される概念です。概念とは、簡単に言うと、物事の共通部分を見出して表現したことばのことです。ちょっと分かりにくい説明ですが、実は私たちは、日々の日常の会話の中で概念を使いまくっています。

例えば「〇〇くんはリア充だから」とか、「ゆとり（世代）だからね」とか、言ったことはありませんか？　「リア充」とか「ゆとり世代」は、まさに概念の例です。そのようなことを言うときに、みなさんは「リア充」とか「ゆとり世代」に見られる共通の特徴を見出しているはずです。「リア充」だったら、モテるとか、友達が多いとか、仕事も上手くいっているなどなど思い浮かべるでしょう。「ゆとり世代」だったら、あまり勉強していないとか、物事に受け身であるとか、既存の価値観に縛られていないとか、思い浮かべるでしょう。

こうしたイメージは、ステレオタイプと呼ばれています。ステレオタイプも消費者を理解する上で大事なツール（概念）なので、いずれ説明しましょう。（⬇34）

みなさんは「リア充」とか「ゆとり世代」と言うときに、同時に「非リア充」と「ゆとり世代以外の世代」のことも、無意識に考えているはずです。つまりどこかでみなさんは線引きをしているのです（リア充についての優れた線引きの例は、バカリズムさんの「リア充」という漫談をご覧下さい）。このような頭の働き方について、社会学者タルコット・パーソンズ（1902-1979）は「サーチライト」というたとえで表現しました。「概念はサーチライトである」とパーソンズは言いました。概念、すなわちことばは、なにかを照らします。照らされることで、私たちはこれまで見えなかったことが見えるようになるのです。「リア充」とか「ゆとり世代」ということばがまだなかったときのことを思い出せるでしょうか？　こういったことばがなかったときと、広まってからは、世の中の見え方がちょっと違って見えているはずです。

消費者行動論で使われる概念（ことば）も同じことです。この本では、お客さん（あるいはお客さんにしたい人）の心の機敏や具体的な行動を理解するのに役立つ概念をたくさん紹介します。サーチライトたる概念（ことば）を知ることで、お客さんについての「なるほど、そうか!!」（かっこよく言うとインサイトですね）が見えるようになります。そうすると、お客さんが満足してお金を払ってくれる優れたマーケティングを実現することができます。

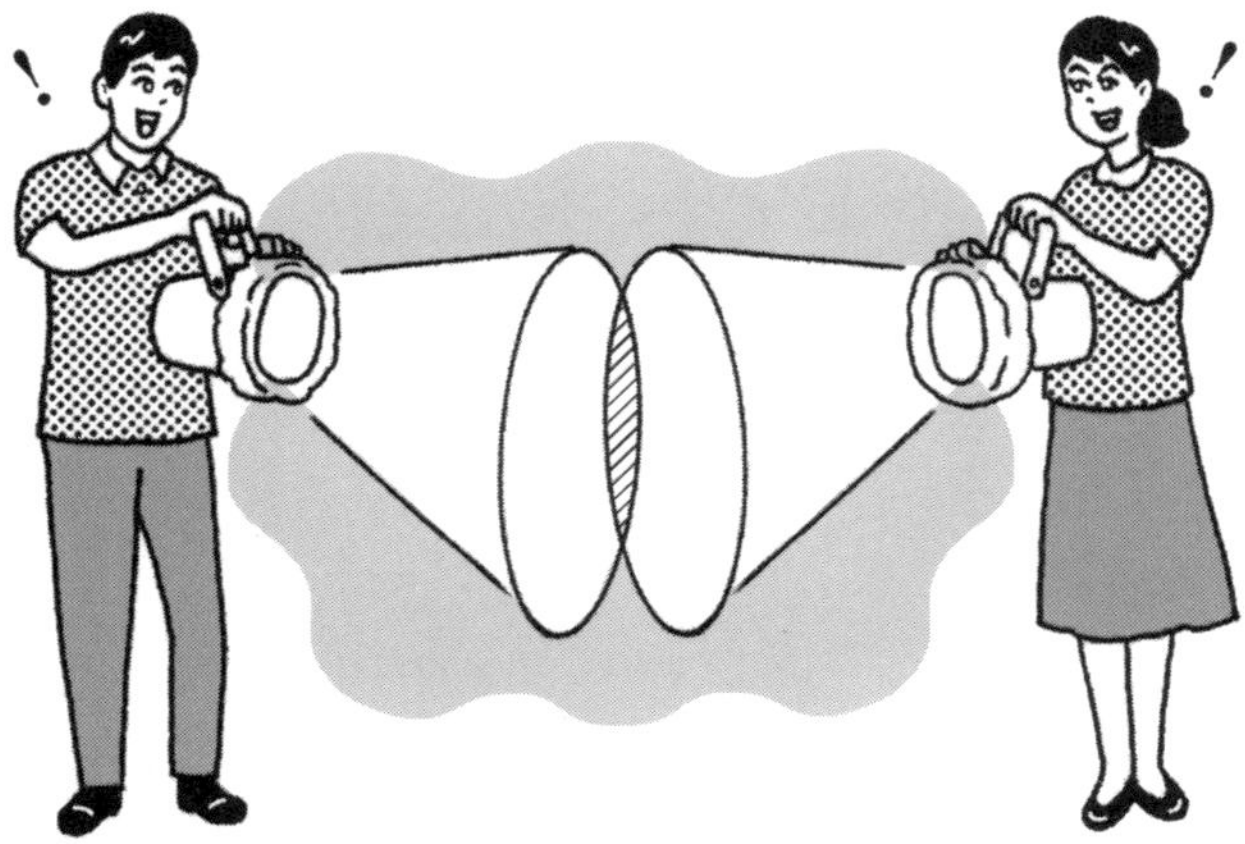

概念を紹介します、と言うと、難しそうに聞こえますが、この本では、小難しい話はしません。ながらく教鞭を執っていると、授業で話す小話のストックがたくさんできます。そういった小話を通じて、世の中の見方を変える新しいことばを紹介します。

ただ、ご注意頂きたいのは、ぼくの個人的資質や好みや少なめの文化資本（これもいずれ説明します（⬇44））といった問題がゆえに、この小話が徹頭徹尾くだらないものである、ということです。ですので、この本は「松井教授の白熱教室を再現！」といったノリではまったくありません。「また始まったよ、くだらない与太話。まったくもう」ぐらいにお考え下さい。ワイングラスを傾けながらほろ酔い加減でお読み頂くぐらいがちょうど良いかもしれません。

この本は、5つの部から成り立っています。まず第1部では、「マーケティングの基本のおさらい」をします。次に「第2部　人間の動物らしいところを見る」では、五感でどこまで感じ取ることができるのかなど、一個の生き物という側面から消費者を捉えてみます。「第3部　人間の決め方を見る」では、私たちが「これ」を選んで「あれ」を買わない理由について考えてみます。「第4部　人間の人間らしいところを見る」では、私たちがいかに周りの人たちに影響を受けて、モノやサービスを買ったり使ったりするかということについて考えてみたいと思います。最後の「第5部　人間の文化的なところを見る」では、第2部とは対照的に、動物には見られない人間くさい側面、つまり意味を見出す存在としての消費者について思考をめぐらせたいと思います。

このように**この本は、読み進めるにつれて、生物としての消費者から、だんだんと文化的な存在としての消費者に焦点を合わせていきます。**私たちは他の動物と同様に生き物である一方で、他の人との関わりの中で生きざるを得ないという意味で「社会的」な動物でもあります。この両方の側面を捉まえることができたら、良いマーケティングができるはず、というのが、この本の基本的な考え方です。

ではそろそろ始めましょう。

第1部

マーケティングの基本のおさらい

第1部では、マーケティングの基本のおさらいをしましょう。マーケティングとはなにか？ 説明するのは難しくありません。でもその一方で良いマーケティングを実現することは、簡単なことではありません。そのことを感じ取ってもらえたらと思います。

1 マーケティングはモーケティング

マーケティングとは「ありがとう」と「おかね」の両方をもらうこと

マーケティングということばは聞いたことがあるでしょう。では、マーケティングとはなにか、説明できますか？　身近なことばほど、説明するのが難しいことがあります。マーケティングということばもそのひとつかもしれません。授業では次のように説明します。

マーケティングとは、「ありがとう」と「おかね」の**両方**をもらうこと。

「ありがとう」とは、きちんとした表現に言い換えると、顧客満足という意味です。一方、「おかね」とは、利益のことです。「両方」というところを太字にしました。なぜならば、「ありがとう」と「おかね」はどちらかが欠けていてはいけないからです。なぜ両方を同時に実現しなければならないのでしょうか？　それは、どちらかが実現して、もう一方が実現しない場合を考えてみれば、分かることです。

パターン1は、「ありがとう」はもらえるけれども「おかね」がもらえない場合です。つまり、お客さんは満足しているけれども赤字になる、ということです。利益を度外視してものすごく安い値段でモノを売れば、お客さんは当然、喜びます。しかし、売り手の立場に立つと、今日のお客さんを喜ばせることができても、明日や明後日のお客さんを喜ばせるための商売を続けることができません。

かつてクロネコヤマトが宅急便を始めたとき、「サービスが先、利益が後」という方針だったということは有名ですね。しかしその眼目は、良いサービスを経験したお客さんが、その後もお客さんになってくれて結果的に利益が生まれる、ということです。もしいつまで経っても利益が得られなかったら、この宅急便は、成功はおろか存続すらできなかったはずです。

パターン2は、「ありがとう」はもらえないけれども「おかね」がもらえる場合です。つまり、お客さんの満足は考えずに利益を得ようとする、ということです。

海外旅行をしているときに、観光地で安物を高く売りつけられ悔しい思いをした経験がある人は少なくないと思います。人生で一度しか訪れない観光地での買い物のように、一回しか取引をせず二度と会わない場合、将来の取引のことは考える必要はありません。お客さんが結果的に不満を抱こうが、利益さえきちんと確保できれば、商売として成り立つのです。しかし普通の商売では、一度買ってくれたお客さんを満足させて、リピーターになってもらうことが大事です。一期一会を悪用するようなビジネスは、一般的には通用しません。

このように、「ありがとう」と「おかね」はどちらが欠けてもいけません。現在のお客さんの満足を得ないと、将来のお客さんがいなくなるし、現在の利益が得られないと、将来のビジネスができなくなるのです。

学生、ビジネスパーソンを問わず、「マーケティングってなんですか？」とたずねると、だいたい「ありがとう」の方を意味する答えが返ってきます。「顧客満足の追求です！」といった感じですね。しかし、当たり前のことですが利益を得ることも同時に大事なことなのです。

話をちょっと変えましょう。そもそも「マーケティング」ということばが、日本で知られるようになったのは、いつか知っていますか？　1950年代だったと言われています。戦後、日本生産性本部という組織が、日本の様々な産業を復興・発展させるために、先進国のアメリカに、産業ごとに視察団を派遣しました。その規模の大きさから、「昭和の遣唐使」とも言われたそうです。その中のひとつが、マーケッティング専門視察団というものでした。1957年にまとめられた報告書には「マーケッティング的開眼」として、アメリカでの見聞を次のような驚きをもってまとめています。

これはよく聞かされた言葉であるが、消費者は王様である、という一句である。視察前から知ってはいたが、行ってわかったことは、学者も、マーケッティングマンも、そう信じて言っていることである。それはわれわれにとって1つの驚きであった。

（日本生産性本部『マーケッティング――マーケッティング専門視察団報告書』、1957年）

マーケティングではなく「マーケッティング」と言っているあたりが時代を感じさせますよね。この報告以来、全国各地でマーケティングに関するセミナーや講演会が開催されて、当時の日本でマーケティング・ブームが起こったそうです。

なにかが流行るとそれをすぐ揶揄（やゆ）する人が出てきます。この場合も、まさにそうで、「マーケティングはモーケティング」という皮肉る言い方までできたそうです。

しかしこの揶揄にこそ、マーケティングの本質が隠されているのでは、とぼくは考えています。マーケティングは「ありがとう」と「おかね」を同時に追求することだけれども、「ありがとう」の側面が強調されがちだと言いました。実際、視察団の報告書も「ありがとう」の重要性を強調しています。その一方で、「マーケティングはモーケティング」という皮肉は、図らずも「おかね」の重要性を強調しているのです。

個人的な趣味で恐縮ではありますが、「マーケティングはモーケティング」みたいなしょうもない言い方が大好きです。

29でも詳しく説明しますが、スーパーマーケットという小売業態が戦後、勃興し始めたときに言われたことがあります。「スーパーなんて、スーって出てきてパーって消えるよ」。その後、スーパーマーケットは消えることなく、私たちの生活に欠かせない存在になりました。それもまた、スーパーが「ありがとう」と「おかね」を同時に実現できたからではないでしょうか。

まとめ

マーケティングは顧客満足と利益の両輪があってこそのもの。

2

テキ屋のアルバイトをして学んだこと

ターゲット

前世紀の話なのですが、学生のときにテキ屋のアルバイトをしていました。ちょうどJリーグが始まった頃の話です。どうやってそんなアルバイトを見つけるのかと思われるかもしれませんが、ふつうに情報誌で見つけました。週末にトラックに乗って、東京だけでなく、埼玉とか神奈川とかいろいろな場所のお祭りに行って、店のテントを立てて開店準備をして、一日店番をして、夜に店をたたむ、という仕事をしていました。

売ったもので、とても印象的だったのが、ラブリーヨーヨーです。ネーミングからして印象的なのですが、ラブリーヨーヨーとは、「ハローキティ」とか「けろけろけろっぴ」といったキャラクターの頭の形をした中空のプラスチックのヨーヨーです。これを、間口ほどの幅の長方形のステンレスの水槽に浮かべます。ただ浮かべるだけではありません。水槽の真ん中に防水仕様の蛍光灯を仕込みます。そしてポンプで、蛍光灯を周回するような水流を作るのです。すると蛍光灯の明かりに照らされた色とりどりのラブリーヨーヨーがゆるやかに水槽の中を動き続けます。

夕方になってくると、このディスプレイは俄然威力を発揮します。まるで誘蛾灯です。よちよち歩きの子どもたちが吸い込まれるように集まってきます。そのときに店番をしている者はなにをすべきなのか？　一緒に仕事をしたお兄さんがコツを教えてくれました（たしか両肩にカラフルなデザインが施された方もおられたと思います）。子どもが水槽に寄ってきたら、すぐに穴の空いたお玉を渡します。湯豆腐をすくうお玉ですね。そうすると、彼らは、そのお玉で水をかき混ぜたり、ラブリーヨーヨーをすくおうとしたりします。そうしていると、後から保護者がやってきます。そこでその人にすかさず言うのですね、「はい400円」と。

このラブリーヨーヨー、どう考えても原価は10円くらいの代物でした。サンリオのお墨付きだったのかどうかもあやしいものでした。わざわざ400円を払ってまで欲しいものではありません。しかし子どもたちは、優れた陳列技術の効果もあり、ラブリーヨーヨーに夢中です。

保護者のリアクションは、当然、買うか、買わないか、の2つに分かれます。親の場合は、だいたい、「なにやってんの！　そのお玉返しなさい！　あっち行くよ！」

と言って子どもを直ちに待避させます。では どのような人が買ってくれるのか？ それは、 おじいちゃんです。おばあちゃんもだいたい買ってくれましたが、高確率で財布からお金を出してくれたのは、おじいちゃんだったと思います。

ラブリーヨーヨーでは、普通のヨーヨー釣りとちがって、1個しかすくうことができません。それなのに、なぜ安い作りのプラスチックが1個400円で売れたのでしょうか？ 400円も支払う価値はどこにあるのでしょうか？ おじいちゃんは、なぜ支払いを拒否できないのでしょうか？

想像するに、おじいちゃんは孫がかわいくてしょうがありません。もしかしたら夏祭りの時期に帰省してくれたので、久しぶりに孫の顔を見たのかもしれません。すなわち孫を甘えさせたいニーズが最大になっていると考えられます。甘えさせる具体的な方法のひとつは、欲しいものを買ってあげる、ということでしょう。ラブリーヨーヨーのマーケティングは、ここにアピールしたのではないかと考えられます。

つまりラブリーヨーヨーは、ラブリーなヨーヨーを欲しがる子どもを満足させられるから売れるのではありません。ラブリーヨーヨーが売っているのは、おじいちゃんの孫への愛情を表現する手段なのです。この手段を切実に欲しがっている人々にタイミングよく提供できていることが、ラブリーヨーヨーのマーケティングの上手いところだと思います。

孫を目の中へ入れても痛くないおじいちゃんのニーズにつけ込む、とも言えそうなこの商売は、20年経った今考えるに、いかがなものかとちょっと思います。しかし、もっと大事なのは、いったいお客さん、すなわち**ターゲット**は誰なのか、ということです。一見、お客さんは孫です。しかし支払うのは、おじいちゃんです。子どもや孫が使いたいものを保護者が支払う、ということはよくあることです。使用者と購買者が別であるというパターンですね。ただラブリーヨーヨーの場合は、両者が単に分かれていることは本質ではありません。使用者を溺愛する購買者が、使用者から好かれたいという強いニーズを持っているのです。そのニーズを満足させる手段が、このヨーヨーなのです。これに値段を付けるとしたら、400円など安いものなのかもしれません。

普通、マーケティングでは、提供するモノ（やサービス）とお客さんとの関係を考えます。しかしラブリーヨーヨーのレッスンが教えてくれるのは、単にモノとお客さんとの関係だけではなく、ターゲットたるお客さんの置かれた人間関係がどのようなものなのか、ということも読み解く必要がある、ということです。ラブリーヨーヨーの商売の基本をコンパクトに教えてくれたお兄さんは、祖父と孫の愛情をめぐるポリティクス（⬇32）について経験的に理解していたのだと思います。

まとめ

見た目のターゲットの背後にいる真なるターゲットの姿を見ることが大事。

3

オヤジ臭のする製品カテゴリーとしての新聞

使用者イメージ

みなさんは新聞を読みますか？　ぼくは「日本経済新聞」と「日経ＭＪ」の電子版を読んでいます。２０１７年に、日本新聞協会の企画「イマドキの大学生×新聞～大学生が新聞を考える～」に、ぼくのゼミが参加しました。お題は、「大学生に、新聞を読んでもらうための提案」というものです。他の大学の５つのゼミとともに、そのアイディアについて、学生が発表しました。

そのための準備をゼミでしたのですが、次々に衝撃的なことが分かりました。まず大学生は、特に自宅生でない場合は、新聞を購読していません。また、ご存じのようにネットニュースには新聞社の記事が結構あって、実際には読んでいるはずなのですが、そんなことにはあまり気づいていません。「若者の新聞離れ」というやつです。

さらに驚くべきことは、「紙の新聞＝オヤジが読むもの」という強固なイメージが形成されていることです。電車で新聞を折りたたんで読む姿はいかにも「オヤジくさい」ので、自分はそんな真似はしたくない、というのです。人前で新聞を読むのは恥ずかしい、というのです。

これが、**使用者イメージ**です。多くのモノやサービスには、実際のターゲットが誰なのか、ということ以前に、「誰が使っていそうなのか」というイメージが共有されていることが多いです。例えば、競馬場とディズニーランド。若い女子は、どちらに行きそうでしょうか？　後者のディズニーランドですね。

この使用者イメージは、誤解であることも少なくありません。例えば、居酒屋もまたオヤジが行くところ、という使用者イメージがあります。しかし実は女性同士での居酒屋利用は多く、その証拠に居酒屋の「女子会プラン」は非常に人気があるそうです。

じゃあ使用者イメージについて考えることは重要ではないのでしょうか？　いえ、大事です。なぜならば、自分がその使用者イメージと違う人間だと思ってしまうと、その製品とかサービスを使おうと思わないからです。牛丼屋は男性客が多いというイメージがあるからこそ、女性はあまり食べようとしないし、牛丼屋に女ひとりで入ることに躊躇を覚えるのです。この男らしさ、女らしさの問題については、性役割の項（⬇39）で深く考えてみましょう。

使用者イメージは、誰がターゲットなのか、ということだけでなく、誰がターゲットではないのか、ということについてのイメージです。そのイメージがゆえに排除される潜在的な顧客がいるのです。

うちのゼミの学生からすれば、新聞の使用者イメージはオヤジということになります。オヤジが読むものを自分が読む気にはならないし、ましてや人前で読むことなど、恥ずかしくてできません。

そんな使用者イメージがある新聞を、若者に読ませるにはどうしたら良いのか？　うちのゼミの学生がじっくり議論して考えついたのが、次の2つのポイントです。第1に、「オヤジくさい」という使用者イメージを意識から払拭してもらうことです。第2に、その上で、若者が新聞を読む機会を作りだして、実は意外と読みやすく楽しいコンテンツであることを体感してもらうことです。

こういったアイディアを、新聞社各社からわらわら集まった大勢のおじさんの前で、うちの学生が発表しました。新聞は女子大生からすれば、牛丼やこってりしたラーメンと同様に「タブー」だ、と学生は発表していました。いやタブーって（ため息）。

新聞というメディアが紙という形で残ることは将来的には難しいでしょう。しかし新聞記事は、本来的には、プロの記者が丁寧な取材をして裏付けをとって書かれたいわば優良コンテンツです。さっと数十分で書いたブログとは違います（もちろん素晴らしいネット記事もたくさんありますが）。しかしネットでしかこうした情報に触れない若者の中には、こうした違いが知覚されていないようです。これは新聞にとっても若者にとっても不幸なことです。

このもったいない状況を作り出している大きな理由のひとつが、「新聞はオヤジのもの」という使用者イメージです。良いはずのものが届かない。使用者イメージは、実は侮れない難問なのです。

使用者イメージが顧客拡大や獲得の障害になっている例はたくさんあります。例えば、日本のマンガ出版社は、英訳マンガをアメリカ人に売るのに昔から苦労しています。なぜならば、アメリカ人の中には、アメコミなりマンガなり、コミックというものは「男の子が読むもの」という使用者イメージが強固にあるからです。そのため少年マンガは売れますが、少女マンガや大人向けのマンガをアメリカでヒットさせることは、非常に難しいのです。

自分と、自分が使っているモノの使用者イメージが合っている場合もあれば、そうでない場合もあると思います。使用者イメージというサーチライトを使って、自分の持ち物を点検してみると面白いですよ。

まとめ

「誰が使っていそうなのか？」という使用者イメージは、顧客を集めるだけでなく、排除する力もある。

4

ドリルが欲しいのではない、欲しいのは穴だ

マーケティング近視眼

みなさんは、自分の服を洗濯していますか？　自分でしている人もいれば、家族の誰かにやってもらっている人もいるでしょう。でも洗濯って面倒ですよね。色物かどうかで仕分けて、洗濯機に入れて、洗剤とか漂白剤とか柔軟剤とか適切なところに入れて、洗い終わったら、ハンガーとかに掛けて干して、乾いたらたたんで、タンスなどしかるべき場所にしまう必要があります。ドラム式の洗濯乾燥機があれば、干す手間が省けますが、乾燥しすぎて縮まないかどうか、気をつけなければなりません。

じゃあ全部、クリーニング屋さんに出せば良いじゃないか、という話になるけれども、そうは問屋が卸しません（話が脱線しますが、この表現もマーケティング的であることに気がつきましたか？）。そんなことをしたら、どれだけお金がかかるのか、考えるだけで恐ろしいです。同じように家事サービスを使って洗濯をまかせる、という方法もあります。逆に、洗濯機を買うお金すらもったいない人は、コインランドリーで洗うと

か、洗濯板で手洗いをするという方法も考えられます。

しかしいずれも高すぎたり、手間がかかりすぎたりして、あまり現実的ではありません。そういったことから、現在の日本では、服を洗う方法として、洗濯機とか洗剤とか物干し竿とかハンガーなどを購入し、消費者それぞれが自分で洗濯することが、一般的になっているのです。

なんで洗濯の話をしているのでしょうか？　ポイントは、私たちが洗濯機を買うのは、洗濯機が欲しいからではなく、洗濯機の機能、つまり手間をかけずに洗濯ができるという機能を欲しいからだ、ということです。もしクリーニング代が仮に今の値段の10分の1になったとしたら、どうなると思います？　おそらく多くの人は、自分で洗濯をするのをやめて、下着とかジーンズとかもクリーニング屋に出すでしょう。同じことは、家事サービスの値段が大幅に下がった場合にも言えます。

セオドア・レビット（1925-2006）という昔のアメリカのマーケティング学者が1960年に書いた論文で、こう言っています。

人は四分の一インチの穴を買うのであって、四分の一インチ・ドリルを買うのではない。

（レビット『マーケティング発想法』土岐坤訳、ダイヤモンド社、1971年）

なるほど、ドリルを買いたい人は、ドリルが欲しいのではなく、ドリルがあけてくれる穴が欲しいのですね。これって洗濯機とまったく同じ話です。

レビット先生が生きたアメリカ社会で起こったのは、テレビジョンの普及でした。テレビが一般家庭に入るとなにが起こると思いますか？　映画館に行く人が減るのです。考えてみたら当然のことです。映画と違って、テレビは受像器を買うときはお金がかかりますが、買ってからはいくらでも無料で番組を見ることができます。わざわざお金を払って出かけて映画を見る理由はなくなります。

このとき、レビット先生は、映画産業は「**マーケティング近視眼**」に陥っているという見立てを示しました。「近視眼」とは、目先のことにばかりとらわれて、将来を見通す力がないことを意味します。

レビット先生は言いました。映画産業は、自分たちは映画を創っていると誤解している、そうではなく、彼らが創っているのはエンタテインメントなんだ、と。つまりテレビのようにより安価なエンタテインメントが出てきたら、当然、それにお客さんを奪われてしまうのです。一見、技術的にも産業的にも異なるモノやサービスと競合していることを見逃していることを、レビット先生は「マーケティング近視眼」と批判したのです。

パナソニックの洗濯機は、日立の洗濯機とだけ競合しているだけではありません。洗濯という機能を実現する他の手段、すなわちクリーニング屋、家事代行サービス、コインランドリー、洗濯板といった他のモノなりサービスと競合しているのです。

このように考えてみると、すこし景色が違って見えませんか？　別の例を考えましょう。みなさんは電車に乗ったらなにをしますか？　21世紀のこの現在の日本では、スマホをいじる人がほとんどだと思います。では、20世紀はどうだったでしょうか？マンガ本とか文庫本、新聞や週刊誌を読む人が多かったはずです。あるいは、20世紀であろうと21世紀であろうと、中吊り広告を眺めている人もいます。あるいは、最近では、電車内に設置された液晶ディスプレイに目を奪われている人も少なくありません。

スマホ、本、新聞・雑誌、中吊り広告、液晶ディスプレイはすべて、「電車の中での暇つぶし市場」で競合しているのです。これらは全然違う業界が提供するモノでありサービスです。しかし電車内でお客さんを取り合っているという現実があるのです。スマホ全盛の今、紙の新聞を読む人は激減しました。**3**で述べたように、かつては混んだ電車内で新聞をコンパクトにたたんで目的地に到着するまでに読み終えるというスキルがありました。しかしそんなスキルは今や役に立たないものになりました。

新聞は新聞と、雑誌は雑誌と競合しているかのように、業界の枠内に留まっていると、マーケティング近視眼に陥ります。その結果、ハリウッドがかつて直面した困難に直面することになるのです。

まとめ

業界の外を見ないと
マーケティング近視眼に陥ることに。

5

ぼくが買った下着は明らかに若者のためのモノではない

STPと4Ps

世の中には、実にいろんなモノが売られています。どんなモノも万人のために作られて売られているわけではありません。必ず特定の誰かのために提供されています。その誰かを「ターゲット」と呼ぶことは、以前、説明しました。（⬇2）

例えば、ぼくは寒い冬に薄手だけれども温かい下着を買ったことがあります。店の人に勧められて、これにしようと思って、会計を済ませている最中に、その下着のパッケージを改めて見ると、なんと「加齢臭対策バッチリ！」と書かれていました。なんとも失礼な話じゃないですか。しかし考えてみると、中年の男に下着を売る場合には、「加齢臭対策」は、大事なアピールポイントなのかもしれません。

誰かのために提供されているということは、逆に言えば、ターゲット以外の人のためには提供されていない、ということです。ぼくが買った下着は、明らかに若者のためのモノではないのです。なぜならば若者は加齢臭対策など不要だからです。

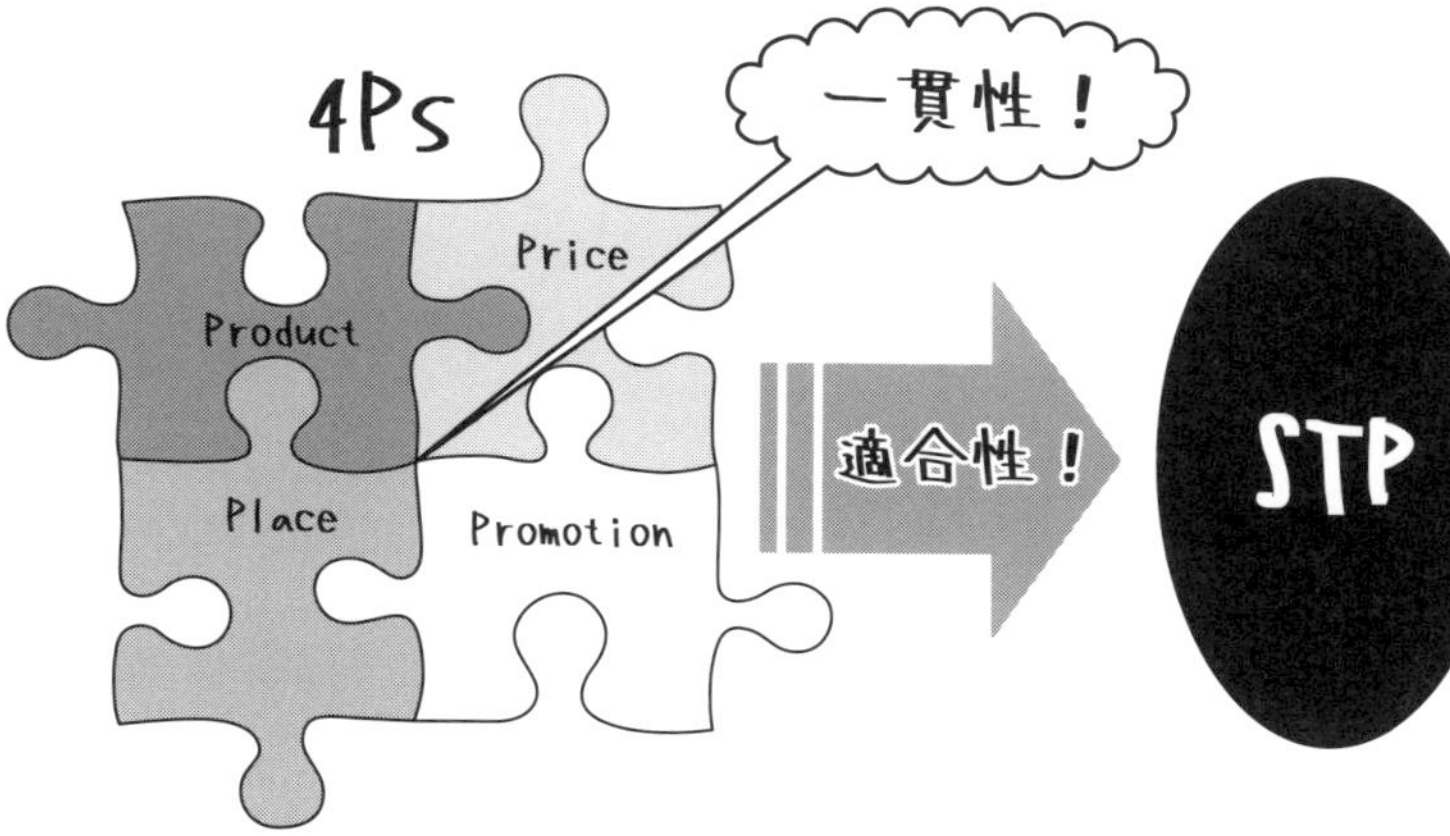

　では、モノを売るマーケターは、どのようにしてターゲットを決めているのでしょうか？　そこで出てくるマーケティングの基本的な考え方が、**STP**というものです。STPとは、「セグメンテーション」（Segmentation）と「ターゲティング」（Targeting）と「ポジショニング」（Positioning）という３つのことばをまとめたものです。

　マーケティングでは、まずお客さんの集合である市場をなんらかの基準で分けます。これを「セグメンテーション」と呼びます。例えば、男性なのか女性なのか、若者なのか年寄りなのか、といった基準で分けるのです。これをデモグラフィクスと言います。あるいは、落ち着いた性格なのか派手好きな性格なのか、伝統を大事にする人か、新しさや変化を大事にするのか、といった内面についての基準もあります。これをサイコグラフィクスと言います。こうしたデモグラフィクスやサイコグラフィクスを用いて、どの人たちを「ターゲティング」するのかを決めるのです。

例えば、デパートの1階で売っている化粧品について考えてみましょう。そこで売られているモノのほとんどは、女性をターゲットとしており、一部のメンズ化粧品を除けば、ぼくはターゲットではありません。

ただ女性という括り(くく)は大まか過ぎるでしょう。よく見てみると、若い女性をターゲットとしているブランドもあれば、中高年の女性をターゲットにしたブランドもあります。さらに見てみると、同じ若い女性をターゲットにしたブランドでも、落ち着いたイメージのものもあれば、派手だったり快活なイメージだったりするものもあります。これは、デモグラフィクスが同じでもサイコグラフィクスが違えばターゲットが変わってくるということです。

「セグメンテーション」と「ターゲティング」は、お客さんについての問題です。一方で、自社をどう位置づけるのか、という問題もあります。これを「ポジショニング」と言います。これは、他の会社と同じようなモノを提供しても、売れないので、他社のモノにはない特色を持たせる必要があるということです。

なぜポジショニングは大事なのでしょうか？　それは、同じようなものを売ったら、価格を安くしなければ売れないからです。マーケティングをする立場からすると、価格競争は利益が減る原因になりますから、できたら避けたいものです。マーケティングは「ありがとう」と「おかね」をもらうものだ（⬇1）ということを思い出して下さい。

ＳＴＰが決まったら、ターゲットとなるお客さんになにをどのように提供するのか、ということを考えなくてはいけません。これを4Psと言います。４Ｐｓとは、Ｐから始まる４つのことば、つまり製品（Product）、価格（Price）、流通（Place）、コミュニケーション（Promotion）をまとめて表現したものです。製品（Product）と価格（Price）が意味することは分かりますね。

流通（Place）とは、どこで売るのか、ということです。例えばペットボトルのお茶は、デパートで売るより、自動販売機やコンビニやキオスクで売った方が買ってもらえます。逆に、ひとつ5万円もするような基礎化粧品をコンビニで売っても売れません。どこで売るのか、ということはマーケティングでは大事です。

コミュニケーション（Promotion）とは、広告とか店員とのやりとりのことです。ペットボトルのお茶の広告はどこに出したら良いでしょうか？　屋外の看板広告や電車の中吊り広告などは良さそうです。一方で、高級ファッション誌とかクレジットカードの会員情報誌に載せるのは、あまり意味がなさそうです。逆に高い化粧品を看板広告で宣伝すると、その高級感を損ねてしまいますね。

このようにして考えてみると分かるのは、4Psに大事なのは、これら4つの間に一貫性がなければならない、ということです。4つの間に矛盾があると、売れるはずのモノが売れなくなるのです。

ではこの4PsとSTPは、どのような関係であるべきなのでしょうか？　4PsはSTPにフィット（適合）していなければなりません。そもそもSTPに適合していなければ、どんなに4Psに一貫性が合っても意味がないからです。

繰り返しになりますが、世の中にはじつにいろんなモノが売られています。それらのSTPと4Psがなにか、ということを考えてみると面白いですよ。ただし、S、T、Pと4つのPがそれぞれなにかを見るだけでは不十分です。そこに一貫性と適合性があるのか、ということまで考えてみましょう。

まとめ

一貫性と適合性は成功するマーケティングの基本。

第 2 部

人間の動物らしいところを見る

私たちは年をとると、太りやすくなるし疲れやすくなります。老化が起こるのは、人間が動物だからです。動物であることは、消費をする上で、あるいはマーケティングを実行する上で、無視できない重要なことです。第2部では、人間の動物ならではの側面について考えてみましょう。

6

年をとるとモスキートサウンドが聞こえないという現実的な現実

絶対閾と相対閾

5では、マーケティングでは狙うべきお客さん（ターゲットですね）を絞り込むために、「セグメンテーション」をすると説明しました。セグメンテーションのモノサシには様々なものがありますが、典型的なのは年齢です。若い人と若くない人はいろんな点で違うからです。

例えば若い人は若くない人に比べて、たくさん飲み食いできる、疲れにくい、髪や肌に艶がある、生活習慣病になりにくい、小さな音も聞こえる、といった違いがあります。こういった違いは、生き物としての違いであると言えます。つまりヒトでなくても、若い犬と若くない犬にもこういった違いがあるのです。この点において、ヒトと動物の間にはあまり大きな違いはありません（最近は、犬も生活習慣病になることがあるそうですね）。

ところでモスキートサウンドって知っていますか？　気持ち良い音ではありません。

蚊の羽音のようなキーンという高周波の音です。高周波になるほど年寄りは聞き取りにくくなります。

ぼくは学部生向けの授業で毎年、モスキートサウンドを学生に聞かせます。「この音、聞こえる人、手を挙げて」と言いながら、だんだんと周波数を高くしていきます。これが残酷なほど分かりやすく年の差が出るのですね。周波数が低いときは、ぼくも学生も聞こえます。でも高くなると、ぼくだけが聞こえず、学生がみんな手を挙げているという状態になります。倍ある年の差が顕著になる瞬間です。

このモスキートサウンド、夜中に店の前に若い人がたむろするのを嫌がる商業施設が「若い人除け」のために使っているそうです。この音を流すと若い人だけが不快に感じて、たむろするのをやめるのです。

5で説明したとおり、ターゲティングは、誰をターゲットに「しない」のかということも明らかにすることです。こうした商業施設は、たむろするような若い人が寄りつかないように、若い人の生物学的な特徴（すなわち高周波のモスキートサウンドが聞こえるということ）を活用しているのです。搦め手ではありますが、これもまたマーケティングであると言えます。

人間には五感があります。聴覚以外にも、視覚、嗅覚、味覚、触覚があります。この周波数までのモスキートサウンドは聞こえるけれども、それより高いと聞こえない、というのと同じように、視覚検査でここまでは見えるけれども、ここからは見えないという境目があります。匂い、味、肌触りでも同様です。この境目を**絶対閾**と言います。「閾」とは、まさに境目という意味です。

マーケティングでは、ターゲットとなるお客さんの絶対閾を知ることが大事です。例えば、屋外にある看板広告は、近づいたら分かりますが、ビックリするほど巨大な文字を使っています。遠くから見ても分かるようにするためですね。一方、電車の中吊り広告はかなり小さな文字も使っています。看板広告よりもはるかに近い距離から見えるから、それでも大丈夫ですよね。屋外広告を見る人と電車の中で中吊り広告を見る人では、絶対閾が違うのです。

そして、マーケティングでは競合する他のブランドとの違いをお客さんに知ってもらうことも大事でしたね。ポジショニングです。これは言い換えるならば**相対閾**を知ってもらう、ということです。相対閾とは、五感を通じて得る2つの刺激（音とか匂いなど）の違いを分かるかどうかの境目のことを指します。

例えば、みなさんは、キリン、アサヒ、サントリー、サッポロといったビールの缶の見た目の違いを認識できますね。これは相対閾を超えた違いがあるということです。

しかし、中身を同じ形のコップに注いで空き缶を隠したら、ビールの色や味だけで、メーカーの違いが分かりますか？　ビールに詳しい人ならば分かるかもしれませんが、そうでない人には区別することができません。これは、言い換えると相対閾を下回っているというになります。

ターゲットとなるお客さんの相対閾を把握することもまた、マーケティングでは重要です。安い、性能が良い、キレイだ、など、他のブランドよりここがすごいんだ、ということを主張したくても、お客さんにその違いが認識されなかったら、意味がないからです。

注意すべきなのは、同じ年頃の人だったら同じ相対閾を持つといった単純な関係があるわけではない、ということです。つまり、お客さんによって相対閾が変わってくることが多い、ということです。例えば、ワインをあまり飲まない人と、ソムリエの資格を持っているほどワインオタクの人では、ワインの違いを見分ける力が格段に違います。ワインオタクの人にワインを売るのは、なかなか至難の業です。味や香りや色合いについての微細な違いの区別ができる、つまりこまやかな相対閾を持つターゲットに、自分が売るワインの個性をアピールしなければならないからです。

このエッセイを読んだみなさんは、今後、絶対閾と相対閾について敏感になると思います。そうなることで、ターゲットとなるお客さんの立場にますます寄り添ったものの見方ができるようになるでしょう。これは言い換えるならば、ターゲットと非ターゲットについてのみなさんの相対閾がより微細になったとも言えるわけです。

まとめ

五感に見られる2つの境目について意識すると、よりお客さんの目線に近づくことができます。

7 クチャラーが気になってしょうがない

選択的注意

ある日、ラーメン屋でラーメンを食べていたら、隣の客がクチャクチャ音を立てて食べ始めました。クチャラーですね。クチャラーは、ぼくも結構苦手です。そんなときは、自分の食べているラーメンに集中し、早めに食べ終えて店を出るしかありません。

しかし考えてみると、ラーメンなり蕎麦なりうどんなり、麺を食べる場合は、非クチャラーであっても、音を立てて食べています。麺を啜るときのズルズルという音です。考えてみたら、ラーメン屋でラーメンを食べている客はみんな勢いよくズルズル麺を啜っています。それなのに、クチャラーのクチャクチャという音だけ気になってしまうのは、なぜでしょうか。

私たちは五感を通じて多くのものにさらされています。いまこの瞬間も、視覚、聴覚、触覚、味覚、嗅覚を通じて多くの刺激にさらされています。しかし私たちはすべての刺激を等しく受けとっているわけではありません。

例えば、会社での会議の議事録をつくるためにＩＣレコーダーで録音するときのことを考えてみて下さい。後から再生してみると、話している声だけではなく、テーブルに椅子がぶつかった音や、書類をめくる音、ペンで書き込む音、エアコンの音など、会議中は気にならなかった音まで録音されていることに気づきます。

ぼくの授業はどうでしょうか？　学生の中には、真面目にぼくの説明を聞いている人もいますが、授業が退屈すぎてスマホに目を奪われている学生もいるはずです（会議もそうですよね）。人によってなにに注目するのかは違います。どんな人でも、そんなときには自分が関心のない情報には目を向けないのです。このように特定の刺激に注意が向いていることを、**選択的注意**といいます。

ラーメン屋でズルズルが気にならずクチャクチャだけが気になるというのも、まさに選択的注意であることが分かるでしょう。しかし考えてみると、音を立てて麺をズルズル啜るのは、日本などのアジア文化圏では一般的ですが、欧米では一般的ではないようです。例えばアメリカでは音を立てて食事をするのはマナーに反すると考えられているようで、当然麺をズルズル啜ることもやってはいけません。つまり、アメリカ人からすれば、クチャクチャと同様にズルズルも気になってしまうのです。このよ

うに選択的注意のあり方は文化によって違ってくるということは大事なポイントです。
しかし文化と文化は交流を通じてお互いに影響を与えることがあります。例えば、イタリアのパスタが日本で広く食べられるようになって久しいですが、ラーメンをズルズル啜る人でも、パスタを啜る人は少ないでしょう。これは、パスタという西洋文化に基づいた麺は、西洋文化に基づく食事のルールに従うべきだ、ということを私たちが学んでいるからです。もしパスタをズルズル啜る人がイタリアンレストランにいたら、不愉快に思う日本人は少なくないはずです。
同じことは、今、海外で人気が出ているラーメンについても言えます。ラーメンはズルズル音を立てて食べる食べ物だというのが、本場（つまり日本）の常識です。しかしフランスやアメリカのラーメン屋で他の客を観察していると、啜って食べる人はあまりいません。それどころか、パリのラーメン屋ではラーメンはそっちのけで優雅におしゃべりに興じているのです。こちらとしては「早く食べないと伸びるよ！」と心配になるのですが、そんなことお構いなしです。フランス人にとって麺を食べるということは、他の食事と同様にゆっくりおしゃべりを楽しみながら食べるものであり、ましてや音を立てて啜るものではないのです。

そこで麺を音を立てて啜ったことがない非日本人のためにネットでは、啜り方についての動画がたくさんあります。例えばザガット（アメリカで有名なレストラン格付け）の「How To: Slurp Your Ramen Noodles the Right Way」（ラーメンの正しい啜り方講座）、面白いですよ。ザガットのレポーターが初めて啜るときには音を立てていないことに注目しましょう。これまでの人生で音を立てて麺を食べたことがないのでしょう。それを見たラーメン屋の店主が「Make noise!」（音を立てて！）と言っています。麺を啜る際には音を立てるものだ、という日本のラーメン文化の規範を説明しているのです。

２０２０年の東京オリンピックに向けて外国人観光客がどんどん増えています。そんな人たちにラーメンを食べてもらうとしたら、あなたは音を立てて啜ることを勧めますか？　それとも好きな食べ方をしてもらいますか？　どっちが商売として良いでしょうか？　日本人でない人にマーケティングをする際には、日本人と選択的注意が同じか違うか、ということを気にする必要があります。それは海外で商売するときも、国内で商売するときも同じです。

まとめ

ターゲットがどんな選択的注意をしているのかということに、もっと選択的注意をしよう。

8

あなたは不都合な真実は見ないようにしている

知覚の選択性と知覚的防衛と順応

毎日、家を出て職場や学校に行くまでの道のりについて考えて下さい。到着までに、どれだけの数の看板や広告といった商業的な情報にさらされているでしょうか。町中を歩けば、きっと数えることができないぐらいたくさんの商業的な情報にさらされているはずです。商店街だったら、50メートル歩くだけでもたくさんの看板が目に入っているでしょう。電車に乗れば、中吊り広告や車内の液晶ディスプレイから提供される情報が嫌でも目に入ります。そんなものがあまりない田舎であっても、クルマで聞くラジオや手元のスマホの中にも広告が満ちあふれています。

このように、私たちは、毎日、莫大な数の商業的な情報に日々さらされています。しかしそれらをすべて読んだり聞いたりしているわけではありません。意識的、無意識的に、どのような情報を読み取るのか、という絞り込みを行っているのです。これを**知覚の選択性**と言います。

知覚の選択性は、提供の仕方と私たち消費者の受け取り方の2つによって、そのあり方が変わります。

提供の仕方とは、文字とか映像とか音とかなどの刺激が、どれだけ大きいのか、どれだけ頻繁に行われるのか、といったことです。騒がしい繁華街で、大音量で流されているコマーシャルソングを聞いたことがあるでしょう。うるさいところで、知覚してもらうには、それより大きな音で流さなければならないのです。絶対閾を超えなければいけないという前項の話につながりますね。

一方、消費者側の受け取り方によっても、知覚の選択性は変わってきます。例えば、ぼくが大学の最寄り駅から大学までの道（その名も「大学通り」）を歩くときに目に入るのは、マッサージ屋さんの看板です。しかし、大学生はマッサージ屋より、ドーナツ屋とか美容院の看板の方が目に入るようです。大学生はマッサージに関心はありませんから、当然のことです。このように個人の関心によって、莫大の数の情報の中から、どこに注目するのか、ということが変わってくるのです。

自分がターゲット（➡2）とするお客さんが、どのようにして知覚の選択性を働かせているのかを知ることの重要性はお分かりかと思います。ぼくは赤提灯のカジュアルな焼き鳥屋が好きです。繁盛店は、気取らない店構えや、焼き鳥のたれが炭火で焼ける香ばしい香りや、煤(すす)けた店内など、ぼくのようなターゲットが選択的に知覚しそうな刺激を上手に提供しています。これは同時に、そんなオヤジくさい店に行きたくない人、例えばインスタグラム映えがするオシャレなカフェやイタリアンに行きたい女性客を排除する役割も果たしているのです。

その一方で、人は自分が見たくない、聞きたくない刺激を避けることもします。これを**知覚的防衛**と言います。例えばヘビースモーカーは、タバコが健康を害することを訴える情報を避けるでしょう。太り気味に悩んでいる人は、食べ過ぎや運動不足が肥満や生活習慣病をもたらすことを教える情報を避けるでしょう。自分に不都合な情報を、人は意識的、無意識的にその視野に入らないようにしているのです。

ターゲットたるお客さんがどのような知覚的防衛をしているのかを知ることも、マーケティングというよりデ・マーケティングを実行する上で重要です。デ・マーケティングとは耳慣れないことばですが、簡単に言えば、消費をさせないためのマーケティング努力のことを指します。

海外旅行に行ったことがある人は、タバコのパッケージに、肺がんになった人の肺など、どぎつい写真が載っているのを見たことがあると思います。タバコが健康にとって良くないという不都合な事実を避ける喫煙者に、ある種、強制的にその事実を突きつけて、禁煙を促しているのです。これも、デ・マーケティングですね。

ぼくはタバコを吸わないので、喫煙者が、そんなショッキングな写真が乗ったタバコを手にして、どんな気持ちなのか、想像がつきません。しかしそんなどぎつい刺激であっても、人間は次第に慣れてきます。これを**順応**と言います。初めて目にしたときは、タバコをやめようかと思うでしょうが、毎日、見ていると慣れてきて、特に注意を払わなくなって、意識すらしなくなるのです。これは毎日、美味しいものを食べていたら、その美味しさに気づかなくなることと同じことです。

知覚の選択性と知覚的防衛は、矛盾を抱えた人間の欲望の深みに光を当てていると思います。やせたいけど食べたいとか、無駄遣いをしたくないけど買いたいとか、病気になりたくないけどタバコや酒を楽しみたいなど、人間は矛盾したニーズたちを抱えており、それらを時にはさばききれなくなります。その際に働く仕組みが、この2つの知覚の働きなのです。この問題については20でも考えてみましょう。

まとめ

情報の洪水の中で人間がしてしまうのは「見ざる聞かざる言わざる」である。

9

ガウチョ・パンツをガチョウ・パンツだと思っていました

解釈とゲシュタルト

女性のみなさん、ガウチョ・パンツを持っていますか？　男性のみなさんは、ガウチョ・パンツってそもそもなにか知っていますか？　ガウチョ・パンツとは、南米の草原地帯で牧畜をしているガウチョ（カウボーイのこと）が着ている裾がひろがった七分丈のパンツのことです。世界の常識です。

すいません、ウソをつきました。つい最近まで、ぼくはガウチョ・パンツの存在そのものを知りませんでしたし、ましてや、そんな幅広のパンツを女の人たちがはいていることを意識したこともありませんでした。おそらくスカートだと思っていたのでしょう。右の説明も、ネットで調べたにわか知識です。

五感を通じて受け取る様々な情報を、人間は「解釈」しようとします。**解釈**とは、簡単に言えば、自分の立場から主観的に物事の意味を理解しようとする、ということです。したがって、同じ物事についても、田中さんと佐藤さんは違う解釈をするかも

しれません。ガウチョ・パンツをオシャレだと思う人がいれば、そう思わない人もいる、ということも解釈の違いの一例です。それ以前に、ぼくのようにパンツであることすら認識しない解釈もまたあるわけです。解釈については、33でも考えます。

ところで、もうひとつ告白させて下さい。ネットで「ガウチョ・パンツ」についての記事を見てから、しばらくの間、「ガチョウ・パンツ」だと、実は思っていたのです。「ガチョウ・パンツってあるじゃない」とか、授業で得意げに話していたら恥をかいていたところです。

なんでこんな勘違いをしたのか、言い訳をさせて下さい。人は、物事を解釈するときに、既に知っていることを使って、未知のものを解釈しようとします。「ガウチョ」ということばは、ぼくのボキャブラリーにはありませんでした。あったのはガチョウだったのです。ガウチョ・パンツの存在を知って、そのような幅広のパンツをはいている人を見かけてもつまり自分が知っているガチョウに関する知識を通じて、「ガチョウの黄色いくちばしに似ているからかな?」とか、無理矢理考えていたのです。

単なる読み間違いとも言えそうですが、これは人間が物事を解釈する上で、**ゲシュタルト**というものが作用している典型的な例であると言えます。ゲシュタルトとは、全体が部分の総和以上のものである構造を指す概念です。例えば、ドとミとソを同時に奏でると、美しい和音が聞こえます。この美しさは、3つの音に分解しても見出せない総和以上のなにかです。このようにゲシュタルトは、音なり文字なり様々な刺激に対して、人が解釈を生む上で作用しています。

「ガウチョ」は4つのカタカナに分解できます。しかしこのことばは、この4文字が単にくっついただけでなく、「カウボーイ」という意味を伝えてくれているという点で、4つの部分には分けられない総和以上の意味を伝えているのです。

しかし、このことばを見たぼくは、4つの文字の並び方を誤解して「ガチョウ」と読みました。勝手に総和以外の違うものを見出してしまったのです。

ゲシュタルトって、なんでマーケティングに関係するの、と思った人も多いかと思います。しかしゲシュタルトを通じた人間の解釈のあり方を知ることで、ターゲットとなるお客さんの解釈について理解を深めることができます。

例えば、「fcuk」というファッション・ブランドをご存じですか？　これを見て、ちょっとドキッとした人も多いかもしれません。実は、これは「French Connection United Kingdom」の略称だそうです。実に多くのファッション・ブランドがある中で、個性を際立たせるポジショニングをするのは、簡単なことではありません。しかしこのゲシュタルトをテクニックとして活用し誤解の発生をテコにするネーミングは、（やり過ぎという意見もある一方で）一発で覚えてもらえる強い印象を与えます。誤解されることをあらかじめ織り込んだブランディングには、ターゲットとなるお客さんについての解釈のありようについての理解があったと言えます。

ゲシュタルトは、読み間違いだけの話ではありません。一般的に言えば、ゲシュタルトは、個々の刺激を秩序立てる仕組みであると言えます。例えば、以前、食用油メーカーの人から聞いたところによると、日本の消費者の多くは、黄色いキャップでフラスコのような形をしたガラスびんを売り場で見ると「ごま油だ！」と瞬時に認識するそうです。かどや製油の金印純正ごま油ですね。

つまり、多くの消費者は、キャップの色やガラス瓶の形という個々の刺激を秩序立てて、ごま油であるという解釈を導き出しているのです。金印純正ごま油は長らくシェア1位を誇ってきたので、このブランドのパッケージを消費者は長年に渡って見続けてきました。その結果として、金印純正ごま油＝ごま油というイメージができあったのです。

これは競合ブランドからすると無視できない問題です。金印純正ごま油に似せたパッケージにしないと、ごま油だと思ってもらえないし、かといって真似したら個性がなくなり埋没してしまいそうです。今度、ごま油売り場に行ってみて、どうなっているのか、確かめてみて下さい（例えば日清オイリオのごま油はどうでしょうか）。

ところで、ガウチョ・パンツもごま油のびんも裾がひろがった形をしていますね。いや冗談です。でも、まったく違うモノであるガウチョ・パンツもごま油も、ゲシュタルトということばという光を当てると、同じ出来事に見えるのです。

まとめ

全体は部分の総和以上のものである。

10

リア充と草食系と勝ち組と負け犬

スキーマ

「はじめに」で、リア充の話をしたことを覚えていますか？　「ことはばサーチライトである」という話をしたときに出した例です。

ことば（あるいは概念）は、反対の意味を持つことば（あるいは概念）とペアになっていることが多いです。時間vs空間、女vs男、上流vs下流、美vs醜、あっちvsこっち、そばvsうどん、などなどです（すいません、最後のは冗談です）。学生には「ことば（あるいは概念）をきちんと理解したかったら、対になることば（あるいは概念）がなにか、考えてみるとイイよ」と教えています。

さて、リア充ということばも、非リア充というこ とばとペアになっています。同じような例はたくさんあります。例えば、草食系の逆は肉食系ですね。ちょっと古くなると、ネットバブルの頃、勝ち組という言い方がありました。逆は負け組です。あるいは、酒井順子さんの『負け犬の遠吠え』（講談社文庫／単行本は2004年）というべストセラーから生まれた負け犬ということばの逆は、理屈の上では勝ち犬ということになります。

こうした身も蓋もない二分法は、「〇〇はリア充だ」とか「△△は草食系だ」というようにネタとして語られやすく、その結果、流行語になりやすいようです。こういった呼び名は、**スキーマ**の典型例と言えます。

スキーマってなんでしょうか？　もともとは心理学の用語であり、世の中の出来事を理解するための「枠組み」のことを指します。簡単に言うならば、物事を見るための「メガネ」です。どのようなメガネで物事を見るのかに応じて、物事の見え方が変わります。

例えば、豚肉を見たり思い浮かべたりするときに、日本人ならば、日常的に食べるなじみ深い食肉の一種であると考えます。しかしイスラム教徒の人たちにとっては、禁忌の食材です。同じモノでも「メガネ」すなわちスキーマが違えば、その見え方が変わってしまうのです。

私たち消費者は、実にたくさんのスキーマというメガネを使って、世の中にあるモノやサービスを解釈しています。例えばサードウェーブコーヒーと言えば、どんなブランドを思い浮かべますか？　エナジードリンクと言えば、どんなブランドを思い浮

かべますか？　渋谷系と言えば、どんなアーティストを思い浮かべますか？

ぼくが勝手に答えてしまうと、ブルーボトルコーヒー、レッドブル、小沢健二さん（あるいはコーネリアスさん）あたりだと思います。これらは、サードウェーブコーヒーとエナジードリンクと渋谷系というカテゴリーの代表例と言えるでしょう。大事なのは、私たちはこういったカテゴリーについて考えるときに、その代表例を通じて解釈している、ということです。「ああサードウェーブコーヒーって、ブルーボトルコーヒーみたいなやつね」と考えているのです。

実は、スキーマはブランディングで多用されています。例えば、ファブリーズ（P&G）ってありますよね。布団やカーテンやソファなど、ちょっとやそっとでは洗濯できないモノにスプレーするとイヤな臭いを消してくれる製品です。このファブリーズには、クルマの車内に置く消臭・芳香剤もあります。家庭で使う消臭・芳香剤と同じブランド名にしているのはなぜでしょうか？　それは「ファブリーズ＝すぐに洗濯できないモノにスプレーするとイヤな臭いを消してくれるやつ」というスキーマが、消費者の間に確立しているからです。面白いのは、ファブリーズはこうしたモノを「洗濯」する、と言っていることです。実際には洗濯などしていませんが、「ファブリーズ＝洗濯できないものを洗濯する」というスキーマが、私たちの中でできあがっているのです。

クルマ用の消臭・芳香剤には、全然違うブランド名を付けるという選択肢もあるはずです。しかしP&Gは、既存のブランド名を活用することを選びました。それは、消費者が持つスキーマをテコにすれば、より少ないコストでこの車内用消臭・芳香剤がなにかを、一発で伝えることができるからです。

スキーマは、ブランドにだけ向けられたメガネではありません。ブランドの使用者に対しても向けられています。先ほどブルーボトルコーヒーの例を出しました。このブランドに対するスキーマには、「誰がブルーボトルコーヒーを飲んでいるのか？」というイメージも含まれています。使用者イメージですね。ネットで検索すると、

「サードウェーブ系男子」というキーワードが出てきます。ロードバイクに乗っていて、口ひげを生やしていて、分かる人には分かるオシャレなスニーカーとかキャップとかで、こなれた感じに着こなすファッションをしている人、らしいです。これはブルーボトルコーヒーの使用者に関するスキーマであると言えます。これを以下では**使用者スキーマ**と呼びましょう。

使用者スキーマもまた、マーケティングにおいて重要です。なぜならば、私たちは、なにかを買おう、使おう、と考えるときに、そのモノやサービスの使用者スキーマを頭に思い浮かべ、それに自分がフィットしているのか、していないのか、ということを考えているからです。

ぼくの場合、ブルーボトルコーヒーなら行けそうと思いますが、例えば原宿にあるレインボーパンケーキというお店には怖くて行けません。なぜならば若い女子に充ち満ちた空間であると想像されるからです。というか、実は、いちどゼミの学生に連れられて、渋谷にあるパンケーキ屋に行ったことがあります。その場違い感たるや、甲南女子大学のスクールバスに乗ったときの気まずさと比肩すべき経験でありました。甲南女子大学のスクールバスに乗っている学生は全員が女子なの知っていますか？　甲南女子大学のスクールバスに乗っている学生は全員が女子なのです。定義的に自明なことなのですが、実際に経験すると驚愕します。

話がそれました。使用者スキーマは、誰をターゲットとするのか、という点で大事です。それだけでなく、誰をターゲットにしないのか、すなわち招かれざる客は誰か、ということにも大きな影響を及ぼします。そのためにマーケターは適切な使用者スキーマを確立するべく努力しているのです。

みなさんが、スキーマという新しいスキーマを身に付けたとしたら、とても嬉しいです。

まとめ

スキーマというメガネで見える世界はどんなものか？ それを知るのがマーケターの仕事。

11 「とりあえずビール」という昭和ルールの来し方行く末

スクリプト

私たちの普段の行動を振り返ってみると、あたかも「台本」に沿って「演じている」場合が少なくありません。この台本のことを**スクリプト**と言います。

例えば、レストランでみなさんはどう振る舞いますか？　レストランに入って食事を注文して食べて会計をするまでに、誰もがおおむね決まった順序で行動します。注文の前に会計はしないし、「○名です」と店の人に言うのは必ず最初です。あるいは予約をしなければならない店ならば、予約こそが最初にすべきことです。当たり前ですね。私たちの消費者行動にはこのスクリプトが充ち満ちているのです。

こうしたスクリプトは、文化によって違う場合があります。典型的なのは、チップです。ご存じのようにアメリカなど、国によってはレストランとかホテルでサービスを受けたら、サービスの値段に加えて、いくぶんかのお金をその人にあげることがあります。しかし日本では、チップの習慣はありません。

アメリカのレストランで食事をしたときには、会計の際に総額を確認して、その15％とか20％のチップを支払うというステップが、レストランでのスクリプトに入っているのです。しかし日本人は、チップという習慣に慣れていないので、つい忘れてしまう人もいます。そこで日本人客が多いアメリカのレストランでは、あらかじめチップを上乗せするところもあるそうです。あろうことか、その上乗せに気づかず、チップを二重に払ってしまう日本人もいるようです。こうした払い忘れや二重払いが生じるのは、ひとえにスクリプトが違うからです。

そのような間違いをしないにしても、どれだけのチップを払えば良いのか、分からないので、困ってしまう日本人は少なくありません。ぼくは、むかしアメリカに1年半住んだことがあります。どれだけチップを払えば良いのか、相場観がないので、「いくら払えばいいの？」といろんなお店の人に聞いたことがあります。しかし返ってくる答えは、ビッグ・スマイルで「It's up to you!」（君の好きに決めたらいいよ！）というもので、正解を教えてくれませんでした。チップの相場は、アメリカで暮らす人々が共有する暗黙知なのです。

同じレストランの話を続けると、会計の仕方にも文化の違いがあります。日本のレストランでは、よほど高級な店でない限り、出入り口にあるレジで会計を済ませます。

しかし海外では、テーブルで会計を済ませることが少なくありません。それを知らない日本人客がテーブルで会計をせず、出口に向かう姿は、あたかも食い逃げ客であり、店は慌てるわけです。悪気は全くないのでしょうが、スクリプトの違いが誤解を生むのです。

こうしたスクリプトゆえの誤解やトラブルは、日本でもよく見られます。例えば「とりあえずビール」という極めて日本的なスクリプトです。しかし今どきの大学生は、最初の一杯がビールであるべきだという「ルール」を知りません。同年代で飲んでいるときには気づかないのですが、なんらかの理由でおじさんと呑む機会があると、そのことに気づくのです。

いや、本当のところ、気がついてくれません。おじさんは、居酒屋の席に座ってから、どれだけ早く最初の一杯（ビール）を全員分揃えて、乾杯して呑み会をスタートさせるのか、ということに命をかけています（学生諸君、本当だよ）。それなのに学生たちは「カシオレ」とか「カルアミルク」とか「なんとかサワー」とか、おじさんからすれば意味不明な飲み物を、てんでばらばらに注文するものだから、注文を取るのに時間がかかるし、もちろん全員分届くのも時間がかかります。

呑み会をいかに早くスタートさせるのか、ということに命がけ（学生諸君、本当だよ）

なおじさんからすれば、乾杯までの時間の長さは非常に強いストレス要因です。おじさんは、いらいらしているんだけど、若者たちは、にこやかに談笑しているだけで、そんなことに気づきません。そんな状況を、同じくおじさんたるぼくだけは理解して、「この人、怒らないかな(汗)」と勝手に焦ってしまい、届くまでの時間稼ぎのために、くだらない与太話を一生懸命します。「とりあえずビール」は日本的な文化と言いましたが、日本の中でも若者と非若者の間での文化的差異が生じているのです。

このように「とりあえずビール」という昭和的なスクリプトは廃れつつあるようです。別に、なくなっても良いのかもしれません。しかしビール会社からすれば、由々しき事態なのでしょう。ビールが好きか嫌いか関係なく(あるいはアルコールが苦手かどうか関係なく)、最初の一杯は全員が必ずビールを飲むというスクリプトがあれば、相当なビールの消費量が見込めます。しかし、皆ばらばらに違うものを頼んだら、当然、ビールを飲む人は減ってしまいます。

ただし、ビールは「とりあえず」の地位としては廃れているといえども、食中酒としての地位は依然として強いようです。やはりビールがないと落ち着かない人が中高年には多いのです。その理由は、「とりあえずビール」を青年期以降、数多くの呑み会を通じて刷り込まれてきたことに求められそうです。この刷り込みを学習する機会がなくなってくると、将来はどうなるのか、ということは、ビール会社もよく考えていることでしょう。

整理をしてみると、「とりあえずビール」スクリプトには2つのルールが含まれています。①最初に飲むべきものはビールである、②最初の乾杯はできる限り早く行うよう参加者は配慮すべき、の2つです。①が成立すると、②が成立する、という構図です。①が崩れつつあるいま、②も成り立ちにくくなったということですね。

このように腑分けして考えてみると、いろいろなマーケティング上の機会がありそうです。ドリンクメニューの構成をどうするのか？　ニーズの多様性に対応しつつ、注文されたものを早く届けるということを、どう実現すべきなのか？　スクリプトという考え方を知ることで、いろいろな発想が出てくると思います。

まとめ

消費者は台本通りに演じている。どんな役をどのように演じているのか、考えてみよう。

12

「やめられない、とまらない」の続きを言えますか？

学習とレスポンデント条件付け

みなさんは学習していますか？　学生ならもちろん学習していますね。大人になっても、仕事の仕方とか、焦げない魚の焼き方とか、責任を回避する方法とか、モテる方法とか、常に学習しています。学習は、人が生きている中で、常に行われているものです。学習は、人間らしい営みであると言えます。

しかし心理学者によれば、動物もまた学習をしています。例えば「パブロフの犬」がそうです。ご存じの方も多いでしょう。犬に肉を差し出すとよだれを出します。そこで、肉を差し出すタイミングに一緒にベルを鳴らすことを繰り返します。その繰り返しをした後にベルを鳴らすだけにしてみると、犬は肉がないにもかかわらず、よだれを垂らします。

ある種の条件付けをしてやることで行動が変わったのです。この行動の変化を心理学では、**学習**と呼んでいます。「パブロフの犬」の実験から分かった発見ですから、

この意味での学習は動物だけに見られるものなのでしょうか？

いえ、人間もまた、行動の変化という意味の「学習」もしています。毎年、ぼくは授業で「やめられない、とまらない、と言えば？」と言って、いちばん前に座っている学生にマイクをさっと向けます。そうすると十中八九「かっぱえびせん」と間髪容れず、答えてくれます。答えてくれない場合もあります。それはその人が留学生である場合です。これは言い換えると、日本で生まれ暮らしてきた人であれば、ほぼすべての人が「やめられない、とまらない、カルビー、かっぱえびせん♪」というキャッチフレーズを暗記しているのです。これって、考えてみたらすごいことですよね。

これは生まれてからなん回もかっぱえびせんのテレビコマーシャルを見るという条件付けの結果、生じた行動の変化です。「やめられない、とまらない、と言えば？」と聞かれても、留学生は答えられない、と言いました。つまりこのコマーシャルに繰り返しさらされていないと、こうした学習（行動の変化）が起こらないのです。

かっぱえびせんというロングセラー商品は、カルビーの地道なブランディングの成果です。ブランディングと言えば、どのように他のブランドと「差別化」するのか、ということを、まず考えると思います。その一方で、ブランディングで大事なのは、自分のブランドの「一貫性」を維持することです。一貫性を維持する方法のひとつは、同じメッセージを繰り返すことです。「やめられない、とまらない、カルビー、かっぱえびせん♪」のような短い音楽は、テレビコマーシャルの最後で流れることが少なくありません。そして、こうした音楽は、しょっちゅう変えるのではなく、同じものを、繰り返し、繰り返し、しつこく流し続けます。

しつこく流すことで、かっぱえびせんという商品と「やめられない、とまらない」というフレーズが、私たちの頭の中で結びついたのです。本来、かっぱえびせんとこのフレーズは関係がないはずです。しかし、繰り返し共に提示することで、結びついてしまったのです。これって、ベルとよだれという一見、関係ないものが結びついたことと似ていませんか？

さらに言えば、この学習は、覚えようと努力した結果ではありません。そんなつもりはないのに、いつの間にか覚えてしまったのです。これを**偶発的学習**と言います。

「パブロフの犬」の話の続きをしましょう。このままベルを鳴らすだけで、肉を差し出さなければ、犬はどう振る舞うでしょうか？　ベルだけを繰り返すと、そのうち犬はよだれを垂らさなくなります。これを、学習が「消滅」されたと言います。ベルとよだれが共に提示されていないので、両者の結びつきがなくなってしまったのです。

同じことは、広告にも言えるでしょう。「やめられない、とまらない、カルビー、かっぱえびせん♪」という音楽を流すのをカルビーがやめてしまえば、消費者の頭の中にあった「やめられない、とまらない」とかっぱえびせんの結びつきが、いずれなくなってしまうのです。

「パブロフの犬」で見られた学習のことを、心理学では**レスポンデント条件付け（あるいは古典的条件付け）**と言います。一方で、**オペラント条件付け**という学習もあります。レスポンデントとは、簡単に言うと「受動的な」という意味です。一方、オペラントとは「能動的な」という意味です。なぜ「パブロフの犬」が受動的な学習だと言えるのでしょうか。これについては、13で考えてみましょう。

私たちは、ヒトとその他動物、と分けて考えがちです。しかし一方で、動物とヒトに共通に見られることもあるのです。「パブロフの犬」の実験は、このことを思い出させてくれます。

まとめ

犬もヒトも同じように学習をします。行動の変化という意味で。

13

ネズミがレバーを押すように、ヒトは同じエアラインを使い続ける

オペラント条件付けと強化

12では、「パブロフの犬」の実験を紹介して、**レスポンデント条件付け**について考えてみました。ここで、**オペラント条件付け**について見てみましょう。レスポンデントは「受動的な」、オペラントは「能動的な」という学習だと説明しました。いったい、どのように違うのでしょうか？

そのヒントになるのが、スキナー箱を使った実験です。ネズミが入った実験用の箱のことで、バラス・スキナー（1904-1990）という昔の学者が考えました（鳩を使った実験もあるそうです）。簡単に言うと、それは次のようなものです。

この箱の中には、レバーがあります。レバーを押すと、えさが出てくる仕組みになっています。ネズミはどうするでしょうか？

最初は、レバーをなめたり、かじったり、なでたり、押したり、ひっぱったり

します。この5つの行動のうち、えさが出てくるのは、レバーを押した場合だけです。

引き続き、ネズミは、レバーを、押したり、かじったり、なでたり、なめたり、ひっぱったりします。この5つの行動のうち、えさが出てくるのは、レバーを押した場合だけです。

さらに引き続いて、ネズミは、レバーを、かじったり、なでたり、なめたり、ひっぱったり、押したりします。この5つの行動のうち、えさが出てくるのは、レバーを押した場合だけです。

おいおい、なにコピペしているんだ、と思われたかもしれません。しかし言いたいのは、箱の中のネズミは、ある種の試行錯誤を重ねている、ということです。こうした繰り返しのプロセスを経て、ネズミはレバーを押すとえさが出てくるということをだんだんと学び、押すという行動を身につけるのです。

12で、学習とは行動の変化だと言いました。たしかに行動の変化が生まれましたね。この学習をオペラント条件付けと言います。

パブロフの犬とスキナー箱のネズミはどのように違うのでしょうか？　犬と違って、ネズミは複数の選択肢からなにかを選びとるという行動をとっています。一方、犬は選ぶということはしていません。このように考えると、犬よりもネズミの方がより能動的に行動していると言えます。こうした理由から、パブロフの犬はレスポンデント条件付けであり、スキナー箱のネズミはオペラント条件付けであると言えるのです。

さんざんネズミの話をしました。**12**と同様に、「これってヒト、ひいては消費者と関係あるの？」という疑問を、みなさんは抱いていると思います。そのあたり、考えてみましょう。

ネズミがレバーを押すという特定の行動を学習することを、**強化**と言います。正確に言うと**正の強化**と言います。正の強化とは、なにか（レバーを押す）をすれば良い結果（えさがもらえる）が得られるということを身につけることです。

これは人間の行動でもよくあります。例えば、デパートで化粧品を買うと、ポイントがたまったり、試供品をくれたりします。お客さんは知るわけです。買い物をすれば、ポイントとか試供品をくれるのだと。それが理由となって、再びそのお店を訪れて化粧品を買う人は少なくありません。飛行機のマイレージなどは、この正の強化のメカニズムを使って、同じエアラインを使い続けさせようという試みであると言える

でしょう。財布の中に、ポイントカードがたくさん入っている人っていますよね。これは、正の強化を活用したマーケティングの道具が、財布の中に詰まっているということです。

あるいは、新しいスーツやワンピースを着ていると、友達や同僚が、「オシャレだね」と褒めてくれることがあります。褒められると悪い気はしませんから、その服を着続けたり、あるいは新しい服を買うときには、褒められるモノを真剣に選ぼうとしたりします。この場合だと、ショップ店員やウェブ通販サイトが、お客さんにあったレコメンデーションを上手にすれば、いろいろな商機が生まれそうですね。このように正の強化は、私たちの日常の行動に充ち満ちています。

一方で、**負の強化**というものもあります。

服の例で言えば、オシャレな服を着ていないから友達から褒められないという場合です。服なんてどうでもよいと考える人もいるでしょうが、自分のオシャレを周りに褒められたい人にとっては、褒めてもらえないのはきついことです。特定の行動をとらなかったから、望ましい結果にならなかった、というのが負の強化です。

この負の強化は、広告表現で見られます。例えば、わきが対策のデオドラントや汗ふきシートを使わなかったので、周りの人が嫌がっている、という広告を、春から夏にかけて、たくさん見ることができます。そうした商品を使わなければ、そんな辛い目に遭わずに済むんだよ、というのが、こうした広告表現が持つメッセージです。

同じ化粧品をまた買う、同じエアラインを使い続ける、オシャレな服を着る、汗ふきシートを使う、といった「選択」を私たちはしています。しかしその「選択」は、あくまでもスキナー箱のネズミがレバーを押すことを「選択」したことと同じであると言えそうです。

まとめ

自分で選んでいるつもりが、実は選ばされているのかもしれない。

14

ツンデレをするときの「ツン」と「デレ」のタイミングおよび配分はどうすべきか問題

強化スケジュール

みなさんは、ツンデレしたり、ツンデレされたりしたことはありますか? Wikipediaによれば、ツンデレとは、「特定の人間関係において敵対的な態度（ツンツン）と過度に好意的な態度（デレデレ）の二つの性質を持つ様子、又はそうした人物」のことを指すそうです。

考えてみますと、ツンデレの本質は、いつデレになるのか分からないが、いつかデレになってくれるかもしれない、という予測可能性をはらんだ予測不可能性にありそうです。ツンされている状況は、心地良いものではありません（ツン自体が嬉しいという人もいるでしょうが、話を単純化するために、ここではとりあえずは考えないようにします）。しかしこの状態が未来永劫続くのではなく、いつかデレという嬉しい状況が訪れるであろう、という期待があるがゆえに、この心地良くない状況を耐えることができるのです。

これはツンデレを実行する立場（以下、ツンデレ者）からしても大事なポイントです。基本、ツンしておき、時々デレというご褒美を与えることで、ツンデレされている者（以下、被ツンデレ者）をコントロールすることが容易だからです。これは非常に効率的です。被ツンデレ者が、ツンデレ者にとって良いことをしたら「必ず」デレというご褒美を与えなくても良いからです。つまり10の良いことに対して、10のデレを与えるのではなく、散発的に2、3のデレを与えたら良いのです。

ツンデレは、**強化**の一種であると言えます。特定の行動を学習することが強化であることを、**13**で学びました。ツンデレは、ツンデレ者にとって嬉しい行動を、被ツンデレ者が行うと、デレというご褒美を与える強化プロセスなのです。このプロセスを繰り返すことで、被ツンデレ者は、自分になにが期待されているのかを学んでいくのです。

ツンデレは、効率的だと右で言いました。これは言い換えると、効率的な**強化スケジュール**が組まれているということです。強化スケジュールは、特定の学習を実現するためのご褒美（あるいは罰）を、どういったタイミングで与えるのか、ということです。

強化スケジュールは、マーケティングにおいても様々な種類があります。例えば、

13では、飛行機のマイレージの話をしました。これは乗るたびに「毎回」確実にマイレージがたまるという強化スケジュールです。一方で、例えばコンビニで、買い物をしたらクジを引かせてもらい、当たったら賞品をもらえるというプロモーションがあります。このプロモーションは、マイレージと違って、「必ず」賞品をもらえるわけではありませんし、「全員」もらえるわけではありません。もらえるかもしれないし、もらえないかもしれないという不確実性があるのです。しかし、その不確実なご褒美に興味をそそられる人は、なにか無理にでも用を作って、コンビニでより多く買い物をするようになるかもしれません。

マイレージとクジは、強化のスケジュールは違うものの、特定の行動を学習させるという意味では、同じメカニズムを持っています。しかしクジの方が、ツンデレと同様に、効率的である、ということは、お気づきでしょうか？　繰り返しになりますが、クジは全員が当たるわけではありません。しかしクジに当たらなかった人の中には、「次は当たるかもしれない」と思って、コンビニに再来店してくれる人もいるかもしれないのです。全員に賞品が渡らずとも、多くの人の再来店を誘発するという意味で効率的なのです。

不確実なご褒美に引き寄せられるという行動が、いちばん顕著に見られるのは、な

んでしょうか？　それはギャンブルです。かけたお金を全部すってしまうのか、それとも莫大な額になって返ってくるのか、やってみないと分からない。カジノなどギャンブルをめぐるビジネスは、非常に儲かっているようです。それは全員に儲けさせていないのに、またギャンブルをやりたいと思う人がたくさんいるからです。つまり、とても効率的な強化スケジュールが設定されているのです（ただしこの強化スケジュールがギャンブル依存症を生み出しているかもしれない、という視点も大事ですね）。

強化スケジュールは、私たちの消費者行動のいろいろな場面で見られます。例えばなじみの料理屋さんで、「これサービスです」と一品を無料で追加してくれる、なんてことがありますね。もちろんそのお店に通う理由が、そのサービスだけとは言いませんが、そのサービスになんとなく期待している自分に気づくことがあります。これは、その一品が美味しいということに加えて、「特別扱い」してくれたという事実もご褒美なのです。また行きたくなります。

しかし特定のお客さんにだけ良くしてあげると、今度は、他のお客さんが引いてしまったり、さらには客足が遠のいてしまったり、ということも起こります。こうした理由も含めて、様々な商売では、お客さんとの関係を「つかず離れず」という絶妙な距離感に設定していることが少なくありません。この距離感は、つまるところ効率的な強化スケジュールなのであり、実はツンデレなのです。

まとめ

マーケティングの仕組みの中には、ツンデレが潜んでいることがある。

15

脅威を脅威と感じると人は解消したくなる

恐怖アピール

　ハリトシスということばは、きっとなじみがないと思います。ハリトシス（halitosis）とは、悪臭呼気、つまり口臭のことを指すことばです。このことばは、１９２０年代のアメリカで、リステリンの広告で盛んに使われた「病気」の名前です。

　このリステリンの広告は、ちょっと凝った内容でした。きれいな若い女性が、物憂げに鏡に映った自分を見つめるイラストが描かれています。そしてそこには、「彼女は、友達に花を添える介添人にはなっても、自分は花嫁にはなれない」と書いてあるのです。なぜでしょう？　詳しい話は、細かい字で説明しています。それを読むと、この女性、生まれ育ちもよく、教育も受けており、美しく、なにひとつ欠点がないのに、幸せではないのです（昔の時代の話なので「女の幸せは結婚か？」問題は、少し脇に置いておきましょう）。なぜか？　それは彼女がハリトシスだからです。口が臭いから、結婚できないのです。

このキャンペーンは、とても大規模なもので、いろいろなバージョンがありました。例えば、主人公が名門大学（アイビーリーグ）出のイケメンだったりします。しかしハリトシスという「病気」のせいで、世間で成功できない、という不幸な物語が描かれているのです。

リステリンのキャンペーンは、大成功を収め、巨額の売上が実現したのみならず、アメリカ人が口臭を気にするきっかけとなったと、後世の歴史家は分析しています。臭いを発するがゆえに、恥をかいたり、失敗したりするという話、どこかで聞いたことがありますよね。この本でも取り上げた「加齢臭」（➡5）がそうです。加齢臭もハリトシスも避けるべき脅威です。ただし、この脅威はどうにもならない手に負えない問題ではありません。なんらかの解決策が提供されているということがポイントです。

リステリンの広告の説明では、続けてこのようなことを言っています。

ハリトシスは、専門的な診察が必要なほど深刻な内臓の病気が引き起こしている場合もあります。しかし、通常は幸運なことに、マウスウォッシュとうがい薬としてリステリンを日常的に使うことで、ハリトシスは解消できるものなのです。

そう、リステリンで口をゆすげば、ハリトシスはなくなるのです。この脅威と解決策のセットが、この手の広告キャンペーンでは大事になるのです。加齢臭も同じです。「加齢臭があるとまずい」と言って、その上で「これで解決できます」という商品を提示するのです。

こうした広告手法を、**恐怖アピール**と呼びます。オペラント条件付けの回でも触れましたが、世の中には、実は恐怖アピールを使った広告やＰＲは少なくありません。匂いだけではありません。例えばシートベルトをしていないと、交通事故にあったときに悲惨な結果になってしまう、といったネット動画を見たことがあると思います。このような啓蒙活動も、実は恐怖アピールに基づいているのです。

脅威と解決策がセットになっていることがポイントだと言いました。これは言い換えると、「ほどのよい」脅威を提示する必要がある、ということです。

どうにもならない脅威だったら、あきらめるしかありません。例えば地震保険という商品があります。地震は残念ながら、私たちがコントロールすることはできませんし、予測も困難だと言われています。私たちができるのは、地震という脅威を解消する解決策を買うのではなく、万が一、そのような事態になったときの次善策として、地震保険を買うのです。

一方、脅威が「たいしたことのない」ものであったら、私たちは解消しようと思いません。今では加齢臭は解消すべき脅威ですが、そんなことばがなかったときには、そもそも脅威としてすら認識されていなかったはずです。

この脅威は、腑分けすると、肉体的な脅威と社会的な脅威に分かれます。ハリトシスの例で言うと、口内洗浄をしないと歯槽膿漏になります。これが肉体的な脅威です。一方、リステリンのキャンペーンで描かれたように、恥をかくとか、人生に失敗するといったことが、社会的な脅威にあたります。

大事なポイントは、社会的な脅威は、文化によって（あるいは時代によって）違って

まとめ

脅かすのなら、ほどよく、ほどよく。

くる、ということです。例えば、変な話ですが、日本では、夏に白いポロシャツとか着ている男の乳首が透けて見えるのは、恥ずかしいこととされています。だけど、ヨーロッパとかアメリカに行くと、乳首が透けていることなど気にせず、堂々と歩いている男たちをしょっちゅう見かけます。

同じことは、「女の幸せは結婚か?」問題についても言えるでしょう。21世紀の今、リステリンのキャンペーンをやったら、おそらく炎上するでしょう。それは、結婚できないことを脅威として扱うことに疑問を抱く人が増えてきたからです。

広告は社会の鏡だとよく言われます。その広告が打たれている社会において、なにが脅威なのか、より正確に言うと、なにが社会的な脅威なのか、ということが分かるのです。リステリンの広告が、1920年代のアメリカという社会を活写したように、私たちが日々さらされている広告は、私たちの社会を映し出しているのです。そう思って、改めて広告を見つめると、私たち自身について新たな発見があるはずです。

16

買い物リストを書いてもその買い物リストを忘れる人

外部記憶と関連陳列

　みなさんは、買い物に行く前には、なにを買うのか、スマホや紙にリストを作りますか？　ぼくはたまに買い物リストを作ることがあります。でも書いた紙を忘れて出かけることが少なくありません。

「意味ないじゃん！」と思うかもしれません。でも過去の研究によると、買い物リストを作る方が、作らない方よりも、買い忘れが少ないそうです。さらに言うと、家族など誰か別の人が作った買い物リストを渡されたときより、自分で作った方が、買い忘れが少ないそうです。

　そうなんです。たとえ買い物リストを忘れたとしても、買い物リストを作るという作業をすることで、なにを買うべきなのか、という記憶が残りやすいのです。

　話を変えましょう。みなさんは、お店の棚を見ているときに「あっ、これ買わなきゃと思っていたんだ」と思い出すことはありませんか？　例えば、ワサビの売り場で、

「ワサビを使い切ったので買わなきゃ」と思っていたことを思い出すといった感じです。電球とか電池とかもそうですね。

買い物リストとワサビの話は、記憶に関わります。買い物リストや売り場の棚は、正確に言うと**外部記憶**と言います。外部記憶っていう言い方、少し変だと思いませんか？　記憶はアタマの「内部」にあるものですよね。それなのに「外部」にあるってどういうことでしょうか？

買い物リストは、なにを買うべきなのかという情報を、アタマではなく、紙なりスマホに保存することで、お店でもれなく思い出させることが可能です。また売り場の棚は、買い忘れたモノについての記憶を喚起してくれます。記憶がまさに外部にあるのです。

外部記憶はマーケティングにどのように関わるのでしょうか？

あくまでも相対的な話ですが、日本人に比べるとアメリカ人は買い物リストを作ることが少なくありません。なぜかというと、彼らは食品などの買い物は、週末など週に1回でまとめ買いをする習慣があるからです。それに比べて日本人は、スーパーとかコンビニにしょっちゅう行きます。毎日、食品を買いにお店に行く人は少なくありません。週に1回しか買い物に行けないと、買い忘れがあると困りますよね。でも毎日、買い物に行くのならば、買い忘れてもまたお店に行けばいいだけなので、問題ではありません。

企業の立場からすると、アメリカ人のように買い物リストを作る人に自分の商品を売る上で大事なポイントは、その買い物リストに、自社の商品が載っかることです。いちど、買い物リストに載れば、買ってくれる確率が高まるからです。買い物リストを作って、それらを買うということを**計画購買**と言います。計画購買をする人にモノを売るためには、計画に含まれる必要があるのです。

実際、アメリカでは、ケチャップなどのパッケージの一部がシールになっており、それを剝がして買い物リストに貼ることができるモノがあります。些細なことに見えますが、自社の商品を計画購買させるための賢い工夫なのです。

一方、売り場の棚はどうでしょうか？　アメリカ人に比べて日本人は買い物リストを作らないと言いました。これは言い換えると、日本人は**非計画購買**をすることが多い、ということです。非計画購買は、お店に入ってからなにを買うのかを決めるということです。スーパーに入って売り場を歩きながら、晩ご飯のメニューを決める人がそうですね。非計画購買については**27**でも深く考えます。

非計画購買をする人たちに、自社の商品を買ってもらうためには、どうしたらよいでしょうか？　それは買い忘れを思い出させるような棚作りや売り場構成をすることです。これはもう説明しました。もうひとつは、買い物リストそのものになるパッケージを作ることです。

昔、授業で、スーパーで買い物をしてもらい、自分の行動の一部始終を記録するという課題を出したことがあります。ある男子学生は、寄せ鍋の材料を買うために店内で歩き回った記録をまとめました。面白いことに、彼が最初に行ったのは、寄せ鍋の「つゆ」の売り場でした。なぜかというと、彼は料理をあまりしない人なので、そもそも寄せ鍋の材料がなにか分からなかったからです。つゆのパッケージには、美味しそうな寄せ鍋の写真が載っています。それを見て、「ああそうか、白菜とかネギとか豆腐とかキノコとか魚とか入れるんだ」ということを確認して、その後に、野菜売り場や魚売り場に向かったのでした。

つまり寄せ鍋のつゆのパッケージが、寄せ鍋の材料を買わせるための引き金になったのでした。それは言い換えるならば、パッケージが持つ外部記憶としての力と言えそうです。

寄せ鍋のつゆのような調味料は、スーパーの真ん中のあたりに置いてあることが多いですが、お店に入ったらまず目にする野菜売り場などにも置いてあることがあります。これを**関連陳列**と言います。こうした関連陳列は、メニュー提案をしています。例えば、白菜の横に寄せ鍋のつゆを置いてみたり、茄子の横に麻婆茄子の素が置いてあったりします。こうした調味料のパッケージを見て、「今夜は寄せ鍋（あるいは麻婆茄子）にしようか」とお客さんは思い、必要な材料をカゴに入れていくのです。

調味料の関連陳列は、パッケージが持つ外部記憶を活用して、非計画購買をする人にモノを売るテクニックなのです。

このように、買い物リストを作って計画購買をする人（アメリカ人）と、そのようなものは作らず非計画購買をする人（日本人）に対するマーケティングの仕方は、おのずと変わってくるのです。この違いは言い換えるならば、外部記憶の置き場が違う、とも言えます。自分のお客さんの外部記憶がどこにあるのか？　その見極めが大事なのです。

まとめ

記憶はアタマの中だけでなく、外にもあります。

17

知っているハンバーガー屋チェーンはいくつありますか？

再生と再認

ぼくは、大学で、だいたい200人ぐらいの学部生を相手に授業をしています。ここ数年は昼休みの後に授業をしています。一方的にしゃべってしまうと、ランチを食べた学生は心地よく寝てしまいます。そこで、学生に話してもらう機会を意図的につくるようにしています。

そのひとつが、「知っているハンバーガー屋の名前を言ってくれる？」というものです。いちばん前に座っている学生にワイヤレスのマイクを渡します。最初の学生は必ずと言って良いほど「マクドナルド」と答えます。そして「後ろの学生にマイクを渡して」と言います。渡された学生には「前の人が言っていないハンバーガー屋の名前を言ってね」と頼みます。するとだいたい「モスバーガー」と答えます。またマイクを後ろの人に渡してもらって、答えてもらうことを繰り返します。ロッテリア、ウェンディーズ、ドムドムバーガー、バーガーキングなどの名前が挙がります。後ろの席に行けば行くほど、答えに詰まり、答えられない学生は、すぐ後ろの学生に渡します。もうないかなという雰囲気の中、「フレッシュネスバーガー」といった学生に、周りの学生は「おー！」と歓声をあげます。そうかそうか、まだあったのか、といった感じです。続いて「シェイクシャック」と答える学生に、周りはきょとんとしています。そんなときは「みんなすぐググって」と指示します。こうして実はいろんなハンバーガー屋があるんだと気がつき始めます。睡魔にやられていた学生たちも、ちょっとは面白がってくれます。

「なんで授業でそんなことするの？」と思ったかもしれません。このエクササイズ、今、考えたい再生と再認という記憶をめぐる問題に関わっています。**再生**（recall）とは、ヒントがなくてもなにも頼りにせず、なにかを思い出すことができる、ということを指します。一方、**再認**（recognition）とは、手がかりを見せてくれて思い出すことを指します。ハンバーガー屋のエクササイズは、再生を学生にしてもらっていると言えます。もし「マクドナルド、吉野家、モスバーガー、ＣｏＣｏ壱番屋のうちハンバーガー屋さんはどれ？」という質問をしたら、それは再認をしてもらっていることになります。

思い出す立場からすると、再生と再認はどっちが簡単でしょうか？　もちろんヒントを出してくれている再認の方が簡単ですよね。マクドナルドのように、トップシェアのブランドは、再生されやすいです。一方、うちの学生にとってフレッシュネスバーガーは再生されにくいけれども再認はされやすいブランドのようです。一方、シェイクシャックを知っている学生は多くなく、再生も再認もされていない、つまりまだ記憶されていないブランドです。

では、再生されやすいブランドと再認されやすいブランドはどちらが強いでしょうか？　ランチをどこで食べようか、と考えるときに真っ先に思い浮かぶ、つまり再生されたブランドのお店はやはり強いと言えるでしょう。マクドナルドは、多額の広告費用をかけて、多店舗を展開することで、多くの消費者の中での再生を実現しているのです。

しかし再生されなければダメという訳ではありません。街を歩いているときに、フレッシュネスバーガーを見かけたら、以前食べて美味しいと思った人や友達からオススメされていた人は、お店に入りたいと思うはずです。つまり再認されたのです。つまり、再生されるのがベストだけれども再認させる手がかりをうまく提供できたら再認で十分、ということです。これはお店の棚での陳列にも言えることです。

例えば、ペットボトルの緑茶を買おうとコンビニに向かっている人は、「生茶」と

か「お～いお茶」のことを思い浮かべている人が多いと思います。マクドナルドと同様に広告宣伝を盛んにしているためです。しかしお店に入って、実際に買うのは、「生茶」とか「お～いお茶」のようなナショナルブランド（ＮＢ）とは限りません。セブン－イレブンなどコンビニの多くは、プライベートブランド（ＰＢ）の安い緑茶を売っています。飲み物の冷蔵庫の前に立ったときに、「生茶」とか「お～いお茶」ではなくＰＢの緑茶を手に取るかもしれません。ＰＢはＮＢほど広告宣伝をしません。その理由のひとつは、店頭にきちんと陳列することで、再認をさせることを狙っているから、と言えます。また、再生のための広告宣伝費をかけないため、ＮＢよりも安く価格を設定することができます。

これは言い換えると、再生狙いのブランドは広告宣伝費をかけ、再認狙いのブランドは流通費用（つまり棚の確保）をかけている、とまとめることができます。

このように再生狙いなのか、再認狙いなのか、ということは、そのブランドのポジショニングによって変わってきます。世の中には、いろんなブランドが充ち満ちています。売れる理由が、再生なのか、再認なのか、ということを考えて、お店の棚を眺めてみると面白いですよ。

まとめ

広告されるブランドは再生狙い、棚にあるブランドは再認狙い。

18

『ラバー・ソウル』を聴くと思い出す30年前の友達

短期記憶と長期記憶とチャンキングと連想ネットワーク

学生時代に繰り返し聴いた音楽を偶然、耳にすると、当時つきあっていた彼氏彼女のこと、その時に受けていた授業や先生のこと、使っていた歯磨き用のコップのこと、通学で使っていた駅の駅員のことなど、およそ音楽に関係ないことまで次々と思い出すことってありませんか？　ぼくはビートルズの『ラバー・ソウル』を聴くと、別の中学校に転校したばかりなのに、このアルバムを貸してくれた親切な同級生のことを思い出します。そう書きながら、久しぶりにこのアルバムを聴き始めてしまいました。2曲目の「ノルウェーの森」を聴くと、すぐに高校生の時に読んだ村上春樹の『ノルウェイの森』のことを思い出しました。おもわず全部聴いてしまいそうなので、とりあえず音楽を止めます。

さて、このように人間って、いろんなことを事細かに覚えていたりします。それにもかかわらず、忘れてはいけないこと――切れた醤油を買うとか、学生の推薦書を書くとか――をすっかり忘れてしまうことも多々あります。困ったものです。

なんでこんなことが起こるのでしょうか。記憶には短期記憶と長期記憶の2つがあることが、どうやら理由のようです。この2つについて考えてみましょう。

短期記憶とは、現在、使っている情報についての一時的な記憶です。つまりすぐに忘れてしまいます。例えば、電話で予約をしたレストランの電話番号は、その瞬間は憶えていても、すぐに忘れますよね。

マーケターは、消費者に覚えてもらいたいことがたくさんあります。ブランドの名前はもちろんそうですし、例えば、購入申し込みや問い合わせ先のフリーダイヤルの番号もそうです。そのためには覚えてもらうための工夫があります。そのひとつが**チャンキング**というものです。

チャンキングのチャンクとは「かたまり」という意味です。電話番号について言えば、090-XXXX-XXXXのように11桁もある数字を「-」で区切ることで、11桁を3つのグループに分けています。こうすることで、電話番号を覚えやすくなっていることにお気づきでしょうか。例えば、メットライフ生命はかつて、テレビコマーシャルで「0120のいいないいなへお電話を」というフレーズを流していました。これは、「0120」と「117」と「117」のチャンク（かたまり）に分けられているため、

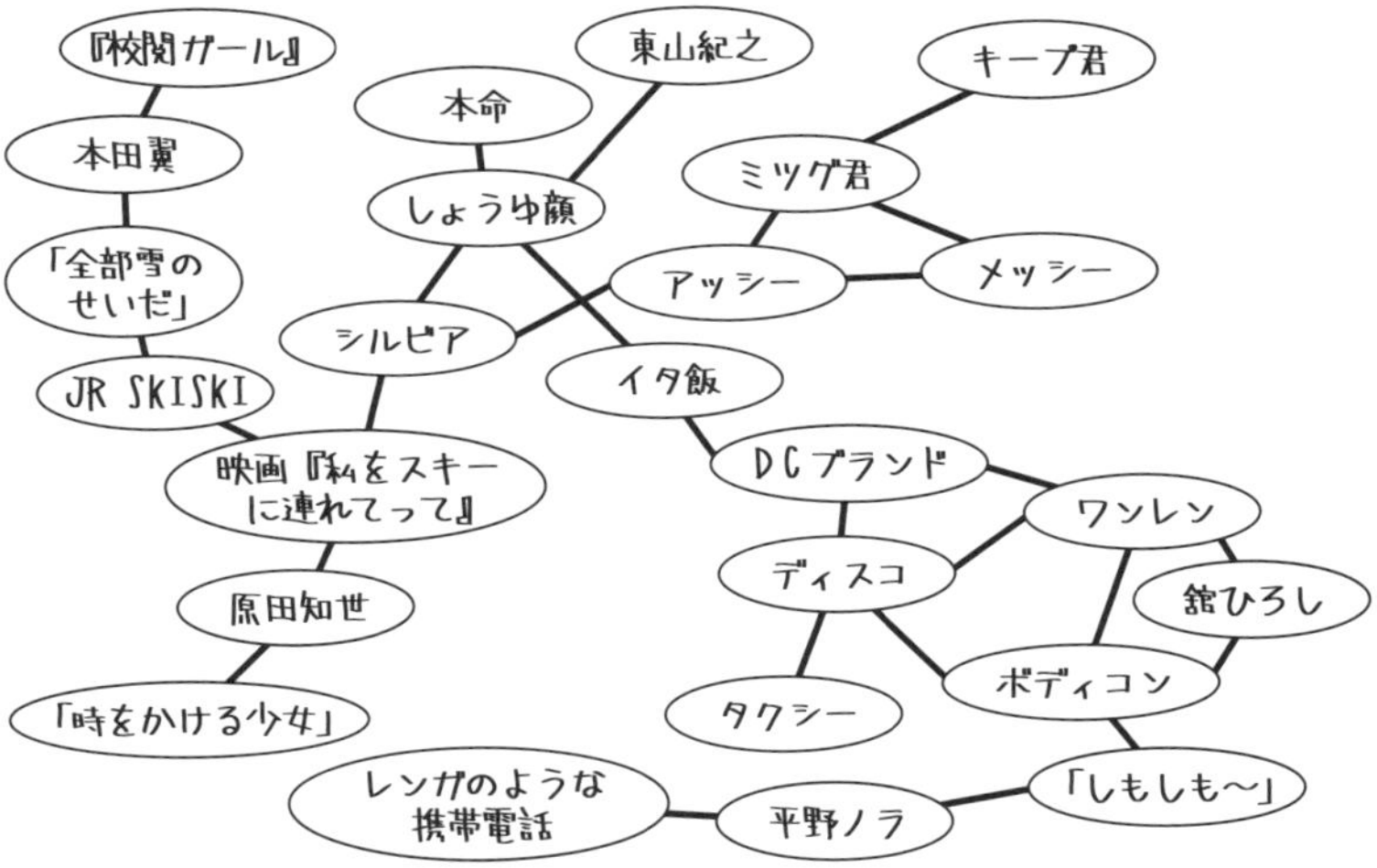

松井剛・西川英彦編『1からの消費者行動』（碩学舎）の図版を改変

覚えやすいのです。多くの人は「0120」を既に覚えています。しかも残りの2つは同じチャンクです。こうすることで覚えやすくしているのです。細やかな工夫がなされていますね。

一方の**長期記憶**とは、長期にわたって保持されている記憶で、容量は無制限です。音楽を聴いたらその当時のことを次々と思い出す、という右の例がまさにそうです。これが長期記憶のなせる技です。このように長期記憶の内容は数珠つなぎになっているのです。

この数珠つなぎのことを**連想ネットワーク**といいます。例えば、バブル世代（➡49）の人は、こんな連想ネットワークがアタマの中にあるかもしれません。記憶の要素（これをノードと言います）がつながってネットワークを構成しているのです。

例えば、原田知世さんをテレビで見かけたら、映画『私をスキーに連れてって』のことを思い出して、若い頃、しょうゆ顔の本命男が運転するシルビアでスキーに行ったことを、さらに思い出すかもしれません。あるいは、ＪＲ ＳＫＩ ＳＫＩのキャンペーンのことを思い出して、本田翼さんのことを続いて思い出すかもしれません。みなさんのアタマの中にも、こんな数珠つなぎがあるはずです。このように、なにかを思い出すと、それにつながっている記憶の断片たるノードが、まるで連想ゲームのように覚醒していくのです。

連想ネットワークは、マーケティングにおいて非常に大事です。自社のブランドが、連想ネットワークのノードになっている、すなわちその消費者の長期記憶に入っていると、競合ブランドより優位に立つ可能性が高いからです。さらに重要なのは、他のノードとどのようにつながっているのか、ということです。例えば、テレビＣＭに登場していたタレントがスキャンダルを起こしてしまうと、推奨しているブランドにそのタレントがつながっている連想ネットワークは不利に働くはずです。なぜスキャンダルを起こしたタレントがＣＭから降板させられるのか、ということを考える上で、連想ネットワークという考え方が役に立ちそうです。

記憶という観点から考えると、ブランディングとは、短期記憶にしかないブランドに長期記憶の連想ネットワークの中で「居場所」をつくらせることである、と理解できます。正しい居場所をつくるために、企業は様々なメディアを通じて、ブランドの持つ意味を他の意味とともに提示しているのです。

ぜひ広告を、こうした観点から見て下さい。その商品とともに提示されている人物や景色や他のモノがなんなのか？　そこに着目すると、そのブランドがどのような連想ネットワークをターゲットたるお客さんのアタマの中に作ろうとしているのか、見えてくるはずです。

ところで、102ページの図、バブル世代の人のアタマの中、と言いましたが、もっと若い世代の人でも、この図を見て「あ〜、そうそう」と思った人も少なくないですよね。じつはこれって変なことです。自分が体験していないのに、なぜそうなるのでしょうか？　これについては、43で考えてみましょう。

まとめ

ブランディングは、記憶の数珠つなぎの中に「居場所」をつくること。

19

マズローはあんな三角形を描いてはいません

欲求階層理論

ビジネスの世界では、〇〇理論と呼ばれるものがたくさんあります。一番有名なのは、おそらくアブラハム・マズロー（1908-1970）の**欲求階層理論**だと思います。どんな理論なのか、かんたんに復習しましょう。

欲求は5つのレベルに分かれます。もっとも基礎的なものは生理的な欲求です。水とか睡眠など、生きるために不可欠なものに対する欲求です。次は、安全に対する欲求です。命が危険にさらされないことへの欲求です。第3の欲求は、所属と愛に対する欲求です。友情とか仲間意識というものに対する欲求です。第4の欲求は、承認に対する欲求です。なにかを達成したいとか、このような地位に就きたいといった欲求です。第5の欲求が、よく知られた自己実現に対する欲求です。

この理論によれば、人間は低次の欲求を満たすとより高次の欲求を満たしたくなるそうです。逆に言えば、低次の欲求が満たされていなければ、より高次の欲求は満た

「マズローの欲求階層理論」

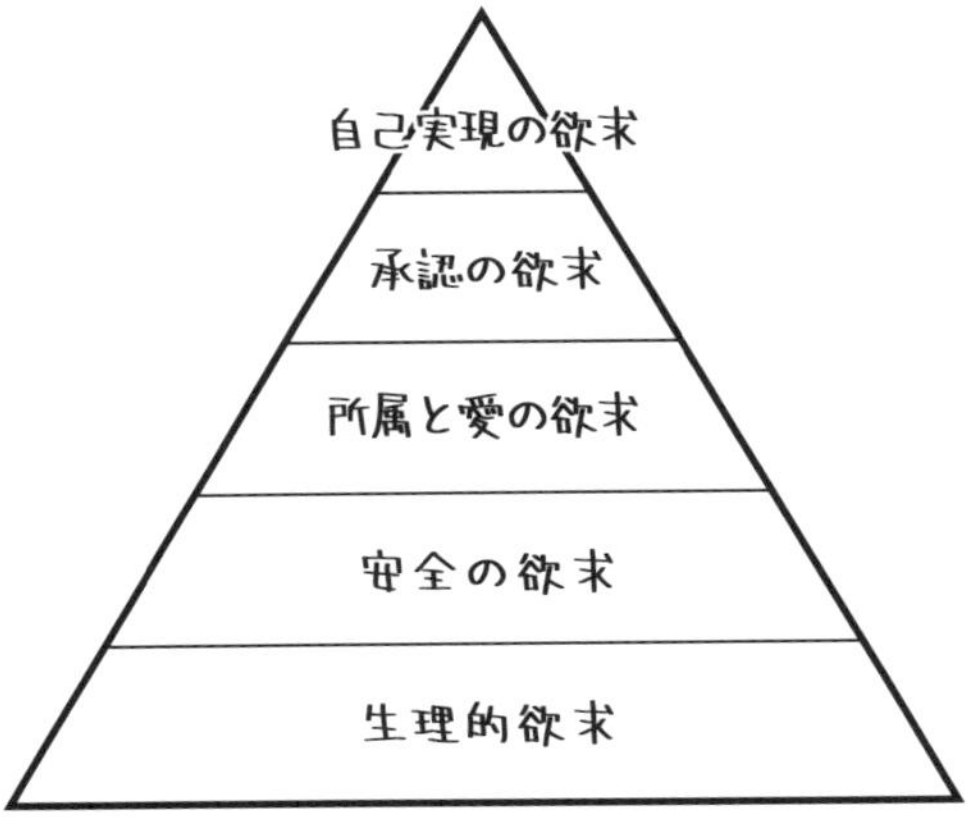

したいと思わないということです。実感としても確かにそうだと思います。「衣食足りて礼節を知る」というように、衣食への欲求が満たされていないと、礼節などどうでも良くなります。こうした実感にもフィットした理論であるがゆえに、マズローの欲求階層理論は、よく知られているようです。

しかし、この理論は研究者からは長らく批判され続けてきました。それだけでなく、マズローの理論そのものへの誤解というものもあります。このあたりを、整理してみましょう。それぞれ2つずつあります。

まず批判です。第1に、この理論は西洋的な人間観に基づいているというものです。ディケンズの『オリヴァー・トゥイスト』（新潮文庫ほか）という小説では、貧しい少年が成長し、豊かになっていくストーリーが展開します。ここで描かれている人間像は、まさにマズローが用意した階段を一段ずつあがっているように見えます。しかし、アジアのような集団主義的な文化では、第3の所属と愛に対する欲求が、第4の承認に対する欲求よりも重視されることが指摘されます。たしかに日本人は職場での仲間意識とか所属というものを重視しますよね。

第2に、欲求の序列が実証されていないということです。たしかにわれわれの欲求は5つに分けられるかもしれません。しかし右に述べたように、その順序は文化によって異なりますし、そもそも西洋人においても、この順序であるかどうかはデータで裏付けられていないのです。

こうした理由からマズローの理論は、シリアスな研究においては使われていません。その一方で、マズローの理論そのものへの誤解もあります。第1にマズローは、低次の欲求が「すべて」満たされないと高次の欲求に移行しない、とは言っていません。そうではなく、「ある程度」満たされると高次の欲求が生まれるのです。実際、マズローは平均的な人について「おそらく生理的欲求では85％、安全の欲求では70％、愛の欲求では50％、自尊心の欲求では40％、自己実現の欲求では10％が充足されている」と言っています。

第2に、そして最大の誤解は、自己実現についてのものです。よく「今の消費者は自己実現のために消費している」とか、「弊社は社員の自己実現ニーズに対するサポートを最大化する職場環境を目指しています」とか、言いますよね。気軽にそんなことは言わない方が良いと思います。

というのも、自己実現する人は世の中のごくごく一握りの人に過ぎないとマズローは言っているのです。自己実現者についての調査をマズローが行ったときに調査対象者になったのは誰だと思いますか？　現実にそんな人はわずかしかいないので、彼は、リンカーンとかアインシュタインなどの歴史上の偉人もまた、自己実現者のサンプルとして調査していたのです。そこから得られた自己実現者の特徴をマズローは次のように15個にまとめています。

1．現実をより有効に知覚し、それと快適な関係を保つこと／2．受容（自己、他者、自然）／3．自然性／4．問題中心的／5．超越性――プライバシーの欲求／6．自律性――文化と環境からの独立／7．認識が絶えず新鮮であること／8．神秘的経験――大洋感情／9．共同社会感情／10．対人関係／11．民主的性格構造／12．手段と目的の区別／13．哲学的で悪意のないユーモアのセンス／14．創造性／15．文化に組み込まれることに対する抵抗

（マズロー、アブラハム『人間性の心理学』小口忠彦訳、産能大出版部、1987年）

15個って多すぎです（笑）。学生のレポートだったら、もっと少ない数にまとめなさい、と指導するでしょう。あるいは、15個の中に矛盾があることも指摘するはずです。例えば、2の「受容」と5の「超越性」は相対立すると考えられているものではないでしょうか？

ここから分かるように自己実現という概念は、非常に複雑で矛盾をはらんだ難しいものです。

マズローは今や古典でしょう。古典とは、誰もが知っているけれども誰もが読んだことがない本のことを指します。実のところマズローの著作は、いずれも分厚いのですが、箇条書きが15もあることから分かるように、かなり冗長で読みづらいです。さらに言えば、マズローを知る人なら誰もが思い浮かぶ三角形の図は描いていません。文章を連ねるのが好きな人なので、図など描かないのです。

ロラン・バルト（1915-1980）という人が、『現代社会の神話』（下澤和義訳、みすず書房、

2005年）という本で、神話はものごとに、説明の明晰さではなく確認の明晰さを与える、と言っています。神話というものは、世の中の真実を明るみにするのではなく、受け手がなんとなく抱いている実感にフィットするストーリーを提供しているというわけです。バルトであれば、マズローの理論は、理論ではなく神話であると言うでしょう。

マズロー以外にも、世の中には、確認の明晰さしか与えない神話が充ち満ちています。みんなが信じていることが実は神話に過ぎないかもしれません。あれってもしかしたら神話じゃないかな、というまなざしで世の中をもういちど眺めてみると、ちょっと違う景色が見えるかもしれません。

まとめ

マズロー理論は神話である。

20

食べたら太るという古典的矛盾を私たちはどう乗り越えてきたのか？

接近－回避型／接近－接近型／回避－回避型コンフリクト

世の中には美味しいものがたくさんあって素晴らしいのですが、たくさん食べると太ってしまうという困った問題があります。食べたいし太りたくないという人は、食べて太るか、食べるのを我慢して太らないようにするか、選ばなくてはいけません。

このように毎日生きる中で、私たちはたくさんの意思決定をしています。選択肢Ａと選択肢Ｂのどっちが良いのか？　選ぶのが簡単なこともあれば、一長一短があるので、決めるのが難しいこともあります。

物事を決めるのが難しい理由のひとつは、その選択肢に善し悪しの両面があるからです。食べるという選択肢は、美味しいものを楽しめるという良い面がありますが、太るという悪い面があります。一方、食べないという選択肢は、太らないという良い面がありますが、美味しいものを楽しめないという悪い面があります。

こういった矛盾した状況を、**接近－回避型コンフリクト**と言います。このコンフリクトを解消するためのビジネスが世の中にはたくさんあります。例えば、毛皮のコートを着たいけれども、動物愛護の観点から躊躇してしまう人は、なにを着るのでしょうか。解決策のひとつは、フェイクファーのコートを着ることです。毛皮を着ることと動物を傷つけることの関係は、食べることと太ることの関係と同じです。後者の問題点を解消することで、ビジネスがなりたっているのです。

　このように考えると、こってり味のラーメン屋で黒烏龍茶を置いている理由も分かるでしょう。食べると太ることは分かった上で、人はラーメン屋に行きます。そこで感じる罪悪感を、黒烏龍茶を飲むことで、解消しようとしているのです。いわば黒烏龍茶は免罪符なのです。

　そもそもラーメンなんて食べなきゃ良いじゃないか、という意見もあるかと思いますが、人間というものは欲深いものです。その欲深さゆえに、様々なコンフリクトに直面するのです。選択肢Aと選択肢Bで感じる矛盾は接近－回避型コンフリクト以外に、2種類あります。

　ひとつは**接近－接近型コンフリクト**です。これはどちらの選択肢も魅力的な場合です。今夜、美味しいと評判のワインビストロに行くか、それとも仕事が丁寧だと評価が高い割烹（かっぽう）に行くか、悩ましいこともあるでしょう。体はひとつしかないので、どちらかをどうしても選ばなくてはなりません。例えばビストロを選んだ人は、どうするのでしょうか？　きっとその人は、（悲惨なサービスを受けない限り）そのビストロに行って良かったと考えるはずです。あるいは自分が行かなかった割烹が、実は評判ほどではないとか、高いといったネガティブなことに意識が行くかもしれません。つまり私たちは、自分が決めたことがベストの選択だと正当化したいのです。

さらに言えば、ビストロに行った人は、もしかしたらレビューサイトのその店のページに行って、好意的なレビューコメントを読み、「やっぱりね」と得心しているかもしれません。レビューサイトは、店を選ぶために使うものですが、もう一方で選んだ店が良かったことを再確認するためにも使われているのです。

もうひとつは、**回避－回避型コンフリクト**です。これは、両方とも魅力的ではない選択肢です。デートで奢らなかったらケチな男だと思われるし、奢ったら奢ったでなんのメリットもなく単なる財布代わりにされるし……そんなジレンマに陥った男性諸氏は少なくないと思います。進むも地獄退くも地獄といったら言い過ぎですが、どちらも選びたくないのに、選ぶという行動をせざるを得ない状況です。

例えばスマホを壊したりなくしたりすると、すぐ修理するか、買い直すかしなければいけません。お金はかかるけれども、スマホが使えないのはとても不便なので、多くの人はお金を払うのです。修理や買い直しのための不測の支払いとスマホが使えない状態は、いずれも回避すべきことです。こうした回避－回避型コンフリクトを解消する手段が、保険や迅速な修理サービスなどです。

ぼくも以前、iPhoneの画面を割ったことがあります。しかしアップルストアに持って行くと、すぐに修理してくれて助かりました。保険に入っていたので、それほど高額でなく、しかもすぐに使えるようになったので、満足度が高かったです。

まとめましょう。接近－回避型の場合は、回避したがっている問題を解消することでコンフリクトを解消できます。接近－接近型の場合は、選んだものが選ばなかったものよりも良かったと納得させる情報を提供することで、コンフリクトを解消できます。回避－回避型の場合は、どちらかの魅力的でない選択肢を解消させることでコンフリクトを解消できます。

みなさんが、あるいはみなさんのお客さんが直面している矛盾は、この3つのうちどれでしょうか？　それぞれのコンフリクトにいろいろな商機がありそうですね。

まとめ

お客さんが直面する矛盾こそ商機。

第 3 部

人間の
決め方を見る

私たちは、ふつう複数の選択肢の中からなにかを選びます。例えばランチを食べるときは、ラーメンにするか、蕎麦にするか、決めなくてはなりません。どうやって決めるのでしょうか？　第3部では、決め方について考えてみます。

21

言い訳上手が駆使する「酸っぱいブドウ」と「甘いレモン」というロジック

認知的不協和の解消

今の職場に満足していますか？　学校選び、間違ったと思ってません？　別の人と結婚した方が良かったんじゃないですか？　……イラッとさせる質問を並べ立ててみました。まったくもって余計なお世話ですよね。

私たちは、毎日、多くの意思決定をしています。例えばぼくは今スタバにいますが、まずカフェに入るかどうか決めて、スタバにするのかルノアールにするのか決めて、スタバに入ったらなにを注文するのか決めなくてはなりません。1階と2階のどちらの席にするのかも決めなくてはなりません。

なにかを選ぶということは、なにかを選ばなかったということです。ぼくは今ルノアールにはいないのです。カフェにはあまりこだわりがないので、ぼくとしてはスタバであろうとルノアールであろうとどちらでも構いません。

しかしその人の人生において大事なことに関して選ぶとなると「どちらでも構いま

せん」とは言っておられません。仕事や学校や結婚相手を選ぶときは、カフェを選ぶときよりはるかに真剣に考えて選んでいるはずです。

困るのは、選んだ後に、「ほんとにこっちで良かったのかな？」という疑念が心の中でむくむくとわきあがるときです。そんなとき、人間はどうするのでしょうか？

そのヒントは、20でちょっとだけ触れました。

割烹に行かなくて良かったというロジックを頭の中につくるのは、イソップが言う「**酸っぱいブドウ**」です。ある狐が自分の手の届かない高いところにあるブドウを見て、このように考えるのです。「どうせあのブドウは酸っぱいから食べられなくても構わない」と。つまり選ばなかったものが良くないものだから、選ばなくて良かったという合理化を行うのです。

一方、ビストロの高評価をわざわざ見に行って得心することは、「**甘いレモン**」と言います。自分が選んだものは、選ばなかったものよりも良いものだから、選んで良かったという合理化を行うのです。

なぜこのような合理化をするのでしょうか？　それは人間って一貫性がないと気持ちが悪いと感じ、矛盾があると解消したくなる動物だからです。つまりなにかを選んだ（選ばなかった）という事実と、自分の意思決定に対する不安の両者がせめぎあって

いるのです。その場合、不安を解消する論理を自分の中に創ろうとするのです。

このプロセスのことを、心理学では**認知的不協和の解消**と呼びます。レオン・フェスティンガー（1919-1989）という心理学者が、自動車を購入した人に対する実験で、認知的不協和を人々が解消したがることを明らかにしています。

新車を購入したばかりの人には、不協和が生じる可能性が高いはずだとフェスティンガーは考えました。そうした人は、考慮したが買わなかったブランドの長所が意識されたり、自分が購入したブランドの短所が気になり始めたりすると、こうした不協和を低減する努力をすると考えたのです。

不協和を解消するために、人はなにをするのでしょうか？　第1に、購入したクルマに関する広告を、他の型のクルマの広告よりも、たくさん見ようとするだろう、という仮説が考えられます。なぜならば、広告は、広告しているブランドを褒めるものだからです。その一方で、第2に、彼らは、いちどは考慮したが購入しなかったクルマに関する広告を読むのを避けるだろう、という仮説も成り立ちます。

さらに言えば、第3に、同じクルマでも古い型の持ち主たちは、クルマの広告を前にしても、読むのを避けるといった行動をとらないだろう、という仮説も考えられます。なぜならば長らくこのクルマを使うことで、彼らの中の不協和はほとんどなくなっていると考えられるからです。

こうした3つの仮説が正しいことを、実験を通じてフェスティンガーは明らかにしました。この実験、とても面白いです。まず2種類のサンプルを設定しました。ひとつは、新車を購入して4〜6週間たった成人男子65名です。もうひとつは、3年以上前の古い型の自動車を所有する成人男子60名です。

これらの人々に、電話でアポを取り、「雑誌や新聞の購読に関する調査の一部である」と説明します。そして回答者の家への訪問時に、前もって確認しておいた普段読んでいるという雑誌4週間分と新聞7日間分を持参するのです。その上で、これら雑誌や新聞に掲載された自動車の広告を見せて、目についたかどうか、さらに読んだかどうかを質問します。そして、インタビューの最後に、今のクルマを買う前に真剣に検討したことのあるクルマの名前を挙げるよう求めます。このようにして、実験の意図を事前には明確にせずに、仮説が正しいかどうかチェックするためのデータを集めたのです。

この実験の面白さのひとつは、広告は、広告しているブランドを褒めるものである、というある意味当たり前の事実に着目していることです。消費者の意思決定のための情報提供だけでなく、意思決定後にその正しさを確認するためにも広告は使われているのです。購入前だけでなく購入後も視野に入れることで、フェスティンガーは消費者に対する新しい視点を提供することができたのでした。

こんな駄文を読まされて時間がもったいないと認知的不協和を感じているみなさんは、この不協和をどのように解消しますか？　もちろん「このエッセイはとても役に立って面白い」と自分に言い聞かせているはずです。ぜひそう言い聞かせてこのまま読み進めてください。

まとめ

人は自分に言い訳するのが上手。

22

森羅万象、世界のあらゆることにコメントできるテレビのコメンテーターの不思議

ハロー効果とエンドーサー

人の話に説得力がある場合には、大きく2つのパターンがあります。ひとつは、言っている内容に説得力のある場合です。もうひとつは、説得力がある人が語る場合です。ここでは、後者について考えましょう。前者については、23で考えます。

テレビのニュースショーやワイドショーを見ていると、政治、犯罪、貧困、スキャンダル、ゴミ屋敷、手抜き家事のコツ、健康法などなど、毎日、実にいろんなことが報じられています。こうした番組では、アナウンサーの横に、それぞれの出来事について一言コメントする人が座っています。弁護士とか、大学教授とか、医者とか、脳科学者とか、○○評論家とかいった人たちです。

こうした人たちの中でも端的に一言コメントが言える上手(うま)い人は、いろんな番組に出るようになります。そうすると不思議なことが起こります。最初は、自分の専門分野についてのコメントをします。例えば離婚裁判に強い弁護士が、芸能人の離婚騒動

にコメントをするといった塩梅(あんばい)です。しかし、テレビに出続けると、オリンピック選手の化粧についてとか、桜の開花予想とか、花粉症とか、電車の遅延とか、自分の専門に関係ないことにまでコメントをするようになります。いつの間にか、世の中のあらゆる出来事についてコメントするようになるのです。

これってよく考えたら不思議ですよね。その弁護士は、桜の専門家ではありません。その人のコメントって、別にわたしたち一般人が思いつくことの域を超えていません。しかしこうした人たちは、短いことばで断定的にコメントをすることもあり、もっともらしく聞こえるのです。

そこで考えたいのは、**ハロー効果**（halo effect）というものです。「こんにちは」の **hello** と似ていますが、この **halo** とは後光という意味です。ハロー効果とは、あるひとつの側面で高く評価される人は、他のことでも秀でているとみなされることを指します。テレビのコメンテーターが専門外のことについて発言しても説得力を持つのは、まさに後光効果のおかげなのです。

この後光効果はマーケティングでも重要です。具体的には、広告における**エンドーサー（推奨者）**を誰にするのか、ということに関わります。エンドーサーとは、モノやサービスをオススメする人のことです。そのエンドーサーとして、広告には美人やイケメンがたくさん登場します。なぜ魅力的な外見を持つ人たちが、エンドーサーになるのでしょうか？　それは、見かけが良い人が言うことは、そうでない人に比べて説得力があるように聞こえてしまうからです。これはまさにハロー効果ですね。しかし考えてみると、イケメンでも、中身が空っぽで言っていることが要領を得ない人だっているはずです。しかし、私たちの傾向として、見た目の良い人の言うことを聞いてしまうのです。同じことを言われたのに、言う人によって、自分への響き方が違う、という経験はきっとあると思います。

見た目が良くなければ説得力がないという主張は、ある意味、暴論です。しかし、非イケメン、非美人のみなさん、ご安心下さい（というか、ぼく自身を安心させたいです）。例えば、ある種のモノを売る場合には、見た目が良いことよりも、エンドーサーがお客さんとなるターゲットと似ている、ということの方が重要な場合があるのです。

以前、パナソニックのドルツというブランドの口腔洗浄器「ジェットウォッシャー」を買った中年男性と話をしたことがあります。彼がこれを欲しくなったのは、アナウンサーの羽鳥慎一さんが番組で紹介したからだと言います。その人に「もし羽鳥アナが若い女の子のアイドルだったら欲しくなりましたか？」と聞いてみたら、「そんなことない」と答えました。つまり自分と異質な人間（若い女の子のアイドル）がオ

ススメするものは、「自分事」にしにくいのです。羽鳥アナも同じ中年男性です。この男性と同様に歯についての悩みがあるのかもしれない、と想像できます。歯槽膿漏や虫歯にならないよう気にしそう、という意味で、この2人は似ているのです。実は、この人からジェットウォッシャーの話を聞いてから、ぼくも欲しくなりました。ぼくも中年の男だからです。

羽鳥アナはイケメンじゃないか、という意見もあるかもしれません。ただ、この例では、イケメンとしての説得力はもちろんあるかもしれないけれども、より大事なのは中年男性という共通項があるかどうか、という点なのです。パナソニックは、羽鳥アナをジェットウォッシャーのエンドーサーに採用すべきではないでしょうか？

まとめ

誰が言うかで説得力が変わる。

エンドーサーは人間である必要はありません。例えば、ドラえもんやキティちゃんなど、二次元のキャラクターでも良いのです。ドラえもんの持つ親しみやすさや、キティちゃんの愛らしさがハロー効果として働いて、説得力を持つことが期待されます。そういった理由から、二次元キャラがエンドーサーとして使われることもあるのです。

さらに言えば、リアルな人間にくらべて、二次元キャラはハロー効果を安定的に発揮できます。なぜなら、二次元キャラは、不倫とかドラッグといった不祥事を起こさないからです。ドラえもんが覚醒剤に手を出したり、キティちゃんがドロドロの不倫をしたりしません。しかし広告に出ている芸能人がこうしたスキャンダルに見舞われて降板することは少なくありません。スキャンダルで付いたネガティブなイメージが、推奨するモノやサービスにまで敷衍（ふえん）される恐れがあるからです。これは言ってみれば、逆の意味でのハロー効果ですね。ゆるキャラも含め、なぜ世の中にたくさんの二次元キャラがあるのかを考えてみると、理由のひとつはここにありそうです。

23

良いニュースと悪いニュースがある。どっちを先に聞きたい？

一面提示と両面提示

英語ではよく「I have good news and bad news. Which do you want to hear first?」という言い方をします。とても良い知らせを伝えたいときにも、言いにくいことを言い出すときにも使えてとても便利なのですが、これはよく考えると、物事には良い面と悪い面があるということでもあります。

売りたいモノを宣伝したり、友達にオススメをしたいモノがあったりするとき、つい良い面ばかりをアピールしたくなります。しかし実はそうしたやり方が常に効果的であるとは限りません。

広告には、おなじみのキャッチフレーズがたくさんあります。例えば、日清食品・チキンラーメンの「すぐおいしい、すごくおいしい」、ダイソンの「吸引力の変わらない、ただひとつの掃除機」といったものです。こうしたキャッチフレーズはよく見てみると、モノの良い面だけをアピールしていることが分かります。

しかしその一方で、キューサイの青汁のように「まずい、もう一杯！」といったキャッチフレーズもあります。キューサイは、「良薬口に苦し」というロジックを、「まずい、もう一杯！」という表現にこめています。つまりまずさという悪い面もしっかりと強調しているのです。

なぜこういった違いがあるのでしょうか？　今からこの問題について考えてみましょう。

マーケティングでは、良い面ばかりをアピールすることを**一面提示**、良い面と悪い面の両方を説明することを**両面提示**と呼びます。チキンラーメンやダイソンの掃除機は一面提示をしているのに対して、青汁は両面提示をしています。

これらの使い分けをする上で大事なポイントは、誰をターゲットにするのかということです。良いところだけをアピールされた方が買いたくなるお客さんがいる一方で、善し悪しをきちんと説明してもらえないと、買う気にならない人もいるのです。

特定のブランドの愛好者に対してアピールする場合は、良いところだけを強調した方がよいです。そんな人たちを相手にして、わざわざ悪いことを言っても、気分を害するだけだからです。例えばアイドルオタクのことを考えてみて下さい。そんな人たちに好きなアイドルについて悪口を言ったら、どんな恐ろしいことが起こるのか、想像がつきますよね？

一方で、特にそのブランドを愛していない人に宣伝する場合は、善し悪しをしっかりアピールした方が効果的だと言えます。なぜならば悪い面も伝えることで消費者側が、売り手を正直であると感じるため、そのブランドを信頼するようになるからです。

ただ、もちろん致命的な悪い点を強調しては元も子もありません。例として、ＩＣレコーダーで考えてみましょう。レコーダーの特徴には、録音の質、重さ、バッテリーのもち具合などいろいろな側面があると言えます。それらの側面のうち代表的な面だけをアピールして、さほど大事でないところについては、「悪いところもあるのですが」と伝えるとよいのです。

レコーダーであれば、重さはブランド間でさほど差がありませんから、そんなに大したポイントではないと言えるでしょう。むしろ、バッテリーのもちなどの方が購入の決め手になるはずです。「ちょっと重いんですけれども、バッテリーのもちは一番長いんですよ」という言い方をすると、両面提示がうまくいくと言えそうです。

さらに言うと、身も蓋もない話ですが、教育水準が高い人には、善し悪しをちゃんと伝えた方がよいと言われています。一般論として、どのようなことにも良い面と悪い面がある、と考えるのが、教育を受けた人の基本的な考え方だからです。そういっ

た人に対しては、良い面と悪い面を両方ちゃんと伝えて、彼らの中で複数の選択肢を比較させるプロセスを作ってあげると、納得して購入してもらいやすいわけです。

両面提示は、広告に限らず、いろいろなところで使われています。うちの大学では卒業するためには卒業論文を書かなくてはなりません。学生には、卒論を書くときには、「確かにAである。しかし、Bである」という書き方をした方が良いと指導しています。ただ「Bである」と書くよりも、物事の善し悪しを客観的に観ていると示すことができるからです。

一面提示は、聞こえは良いものの、一方で物事の悪い側面を隠すための説得であると言えます。広告にせよ、誰かの話にせよ、一面提示をしていることに気づいたら、そのことの悪い側面がなにか、ということに思いを巡らすというクセを身につけると、より客観的に物事を捉えるようになります。

さらに斜に構えたことを言うと、主張を両面提示を取り入れて行うことで、知的な印象を相手に与えられるという効果も期待できます。みなさんも、ふだん自分の主張を誰かに伝えるときに使ってみると、そんな印象管理（⬇36）ができるかもしれません。

いまぼくは両面提示の良さについて一面提示をしました。両面提示の悪い側面はいったいなんでしょうか？

まとめ

相手によっては、物事の悪いところを説明する方が、むしろ説得力がある。

24 小さいお願いと大きなお願いの仕方に見る交渉術

段階的勧誘技術と譲歩誘導技術と承認先取り技術

マーケティングとは「ありがとう」と「おかね」を両方もらうことだ、と1で言いました。これが実現するためには、お客さんを説得する必要があります。この「説得」には、お客さんに（1）知ってもらって、（2）好きになってもらって、（3）最終的に買ってもらうという、3段階のステップがあります。そのステップをすべて乗り越えて、初めて説得に成功したと言えるのです。逆に考えてみると次のようになります。

ある人がスタバのコーヒーを「買った」としましょう。買ったのは、おそらくその人がスタバのコーヒーが美味しいとか、オシャレだとか、そういった理由から「好き」だからです。そして好きなのは、当たり前のことですが、その存在を「知っている」からです。知らないものを好きになることはできませんし、当然買ってもらうことはできないからです。

17で知っているハンバーガー屋を順に学生に言ってもらうエクササイズを紹介しました。真っ先に出るのがマクドナルドでした。知っているという点で、マクドナルドは他のハンバーガー屋に比べて有利なのです。しかしながら、知っていても好きだとは限りません。さらに好きでもお店に来てもらってハンバーガーを買って食べてくれるとは限りません。3つのステップを乗り越えるのは、なかなか大変なのです。

知ってもらい、好きになってもらっても、買ってくれるとは限らない。買ってもらうための説得術については、具体的なテクニックがたくさんあります。ここでは、その代表的なものを3つ紹介しましょう。

ひとつ目が、**段階的勧誘技術**（foot-in-the-door technique）です。はじめに小さいお願いをして、その後で本命の大きなお願いをするというものです。

例えば、慈善団体の活動を思い浮かべて下さい。その団体が最初に、「月に500円でいいので、寄付していただければ多くの人が救われます」と言ったとします。そうすると、慈善活動に関心のある人であれば、「毎月500円くらいなら、まあ払おうか」と思うわけです。

そうして500円の募金を毎月し続けた後に、しかるべきタイミングでその団体が、今度は「さらに500円増やして、1ヶ月に1000円支払っていただけると、より多くの人が救われます。お願いできませんか」と頼むのです。

そう言われると、「まあ1000円でも、払っていいかな」となることが多いです。なぜかというと、すでに「5000円負担している自分」がいるからです。「恵まれない人を助けたい」と500円を払っている自分と、「5000円はいいけど、1000円も払うのは嫌だ」と考える自分が矛盾すると、気持ちがざわつくのです。もし断ってしまえば「ケチな自分」になってしまう、それはイヤなのです。もし月5000円払ってと頼まれたら断るかもしれないけれど、500円が1000円になるくらいだったらいいだろう、と考えるのですね。人は一貫性を求めます。

2つ目は、**譲歩誘導技術**（door-in-the-face technique）です。これは逆に、無理なお願いをして断らせて、その上で、引き受けてくれそうな軽いお願いをするというものです。

例えば寄付の例を続けると、最初に「月に50000円の寄付をお願いします」と頼みます。「なにそれ、そんなの無理だよ」と相手は断ります。しかし、その後に、「確かに50000円は多いですよね。5000円ならばいかがですか？　それでも救われる命はたくさんありますよ」と頼んでみるのです。そうすると、いったん断ってしまったという負い目があるので、それくらいならば引き受けよう、と説得されてしまうわけです。

3つ目は、**承認先取り技術**（low-ball-technique）です。これは、まず「買う」ことを決めさせて、その上でオプションなどを追加して、支払額を高くしていく説得法です。マンションやクルマを買ったことがある人には分かりやすいかもしれません。6500万円のマンションとか200万円のクルマについて、高いけどまあ納得できる値段かな、と思って消費者が購入を決めた後で、セールストークの上手さもあいまってあれこれオプションが付けられて、結果として、最初の値段から2〜3割、高くなってしまうことがあります。

実は、ぼくも以前、あるマンションを買うと決めた後に、セールスマンから、床をコーティングするとか、間取りも変えられるとか、どんどんオプションが提案されて辟易（へきえき）したことがあります。結果として、最初の値段からずいぶん高くなったのでキャンセルしました。そのセールスマン、もう少し抑え目にやっていれば、ぼくはそのマンションを買ったかもしれず、もったいないことをしてしまいました。でも多少であれば、まあいいかなと思って受け入れてしまうことは結構あるのです。

高い買い物は、意思決定の手間がかかります。立地やら間取りやらローンやら、様々な要素が絡み合うので、買うと決めるまでかなりの労力がかかります。せっかく

まとめ

買うということは説得されるということ。

時間や手間をかけて決めたことを後からくつがえすのは苦痛でしかありません。こうした理由から、高いモノを買うと決めた人に、オプションを提案すると受け入れてしまうのです。

さらに言えば、手間と時間をかけて意思決定をすると、人は、自分が決めたことが正しいと思いたくなります。繰り返しますが、人は、一貫性を作ってしまう生き物です。酸っぱいブドウの話（⬇21）でも書きましたが、人は自分の選択を正当化する術に長けています。この正当化が、意思決定を覆すことを妨げるのです。

3つの説得法は、マーケティングだけに使われているわけではありません。例えば、みなさんも誰かに頼みごとをするときに、無意識に使っているテクニックがあるのではないでしょうか？　どうしたら相手がうなずいてくれるのか、この3つに照らして考えてみて下さい。

25

かつて、高学歴・高収入・高身長の男は「3高」と呼ばれていた

補償型と非補償型の意思決定

昭和の時代に、女性が結婚相手の男性に望む条件として、「3高」というものがありました。「3高」とは、高学歴、高収入、高身長という3条件が揃っていることを指します。昭和は遠くになりにけりですが、ずいぶんと贅沢な基準です。やっぱりそうだよね、と思う人もいるでしょうし、別に全部揃ってなくてもいいじゃない、と思う人もいるでしょう。

では、あなたは、付き合う相手(もしくは結婚相手)になにを求めていますか?

女の人でも男の人でも、付き合ったり結婚したりする相手を選ぶときに見る基準はいろいろあります。世の中には、「外見が良くなきゃ絶対に嫌」という人もいますし、「見てくれはよくないけれども、お金さえ稼いでくれたらいい」という人もいますし、あるいは、「見てくれも収入も良くないけれど、とにかく優しい人がいい」という人もいるでしょう。

マーケティングと関係ないでしょ、とまたしても思われているかもしれませんが、なにを買うのかということと誰と付き合うのかということは、複数の選択肢からひとつを選び取るという意味で、意思決定と同じ問題なのです。どう意思決定しても、考え方は大きく2つに分けられます。結婚相手の例で考えましょう。

ひとつは、外見、収入、性格を総合的に判断して決めるという考え方です。もうひとつは、外見はこれ以上じゃなきゃダメとか、性格がこれ以上悪い人はダメ、というようにある側面に注目して基準を設定するという考え方です。

いずれの考え方においても前提にしているのは、選択肢は複数の「属性の束」であるということです。「属性」とは、この例だと外見、収入、性格の3つになります。買い物でも同じことです。例えば、スタバのコーヒーは、「３３０円」で「濃いめのロースト」がされていて、「こういうデザインのカップ」に入っていて……という属性の束だと言えるでしょう。値段、味、カップなどの属性から成り立っているのです。このように、あらゆるものが、様々な属性を持っています。

2つの考え方に戻りましょう。前者のような考え方を**補償型の意思決定**と言います。補償とは難しいことばですが、簡単に言えば「補い合う」という意味です。どういうことかというと、外見、収入、性格を総合的に判断して決める場合は、ある短所は別の長所によって補うことが可能だということです。つまり性格が悪くても、収入が良ければ、まあいいかという考え方は、性格の悪さという短所を収入の高さという長所が補っているのです。

一方、後者の考え方は、**非補償型の意思決定**と言います。「性格がこれ以上悪い人はダメ」と考える人は、相手がどれだけお金持ちでどれだけ見た目が良くても、見ているところは性格だけなので、それ以外の属性（つまり収入や外見など）の良さは意味を持ちません。ある属性が別の属性を補っていないのです。

意思決定についての2つの基本的な考え方について、ご理解を頂いたと思います。では、みなさんはどっちの決め方の方がラクだと思いますか？

補償型の意思決定の方が、非補償型の意思決定よりもはるかに大変です。なぜかというと、前者はすべての属性について検討をしなければならないからです。後者はラクです。なぜならば、「外見はこれ以上じゃなきゃダメ」と考える人は、収入とか性格といった別の属性については吟味する必要はないからです。

私たちは買い物をするときは、とても高いモノとか大事なモノを買うとき以外は、けっこう適当に意思決定をしています。例えば、時間がないときにランチをするときは、味とか店の雰囲気とか考えずに、早めに食べられるのか、という属性にだけほぼ

集中して店を決めているはずです。そうした属性に注目する人が一定数以上いるからこそ、ファストフードという業態が商売として成立するのです。

非補償型の意思決定は、言い換えると**思考の節約**をしていると言えます。私たちは朝起きてから夜寝るまでに、無数の意思決定をしています。歯磨き粉をどれだけ歯ブラシにのせるのか、上司にどれだけ愛想よく接するのか、階段を使うかエレベーターを使うのか、背中がかゆいけど今かくかどうか、などなど、無数の意思決定圧力に時々刻々とさらされているのが、私たち人間です。

そういった状況で、いちいち補償型の意思決定をしていたら、脳みそがパンクするはずです。非補償型の意思決定をすることで、アタマに与える負担を減らしているのです。

商売をするときに大事なのは、相手はどの属性に注目して意思決定をしているのか、ということを見極めることです。例えば服を売るときに相手が長持ちするかどうか、ということを気にする客だったら、その属性の良さを強調するのがひとつのやり方です。しかし売りたい服が長持ちしにくい素材だったら、例えば「デザインがベーシックで着回しが利く」といった別の属性をアピールすることも可能です。そうすることで、服を選ぶ基準を変えてくれることもあります。

ある属性に注目するということは、別の属性に注目していない、ということです。これは確かにアタマの節約になりますが、もしかしたら大事なことが見えなくなってしまっている可能性があります。結果として、買い物にせよ付き合う相手にせよ、視野狭窄になってしまっているかもしれません。どんな属性が自分にとって大事なのか、ということだけでなく、どんな属性を見ていないのか、ということも考えてみると、買い物なり人生なりがうまくいくかもしれません。

まとめ

なにかを見るということは、別のなにかを見ていないということ。

26

「メイド・イン・ジャパン」はもともと安かろう悪かろうという意味だった

原産国効果

最近、ほんとうに外国人観光客が増えましたね。小売の現場では、こうした新しいお客さんに対応するために、様々な工夫をしています。例えば、オニツカタイガーというスニーカーが外国人観光客にとても売れています。オニツカタイガーを売っているお店には「日本製」とか「Made in Japan」というポップを貼っていることが少なくありません。日本人からすれば、あまり意味がないかもしれませんが、外国人観光客からすれば、大事な情報なのでしょう。

この項では、この「メイド・イン・○○」について考えてみましょう。「メイド・イン・ジャパン」であることは、高品質の証であると多くの人が認めるところでしょう。しかし、かつて「メイド・イン・ジャパン」が持つイメージは、「安かろう悪かろう」というものでした。

戦後、敗戦国になった日本がアメリカに輸出していたのは、ブリキのおもちゃや、飾りのついた爪楊枝などでした。そういうものには「メイド・イン・ジャパン」（あるいは「Made in Occupied Japan」）と書いてありました。当時のアメリカ人からすれば、こういったモノは「貧しい国から輸出された粗悪なモノ」というイメージでした。

そういったイメージが変わったのは、ソニーやトヨタ、ホンダといったメーカーが高品質な製品を輸出し世界市場を席巻したからです。そのあたりの経緯は、ソニーの創業者の盛田昭夫さんの自伝に詳しく描かれています。30年前に書かれたこの本のタイトルは、まさに『MADE IN JAPAN――わが体験的国際戦略』（朝日文庫）でした。

ところで「バック・トゥ・ザ・フューチャー」という映画を見たことがありますか？　1985年から1990年にかけて3作製作された大ヒット映画です。マーティという高校生とドクというちょっと変わった科学者が、タイムマシンで過去や未来を行き来するというストーリーです。その第3作の1955年のシーンで「安物を使うからだよ。ほらMade in Japanだって」と言ったドクに、マーティは「なに言ってんのドク？　すごいモノはみんな日本製なんだよ」と言い返しています。それを聞いたドクはただただ驚くのでした。

1985年を生きるマーティからすれば、日本と言えば、クールなプロダクトを作ってくれる国です。しかし1955年を生きるドクからすれば、日本製と言えば粗悪なものでしかないのです。この映画が作られた当時が日本経済の絶頂期であることを考えると、このやりとりの時代感覚が見えてくるはずです。

このように国や場所のイメージは、そこで生産されているモノに反映されることがあります。これを**原産国効果**（Country Of Origin Effect）と呼びます。国際マーケティングの分野では、原産国効果について非常に分厚い研究があります。

例えば「フランスの香水」というと、なんとなく「良さそう」と思いませんか？あるいは中国産の野菜は、残念なことに「健康に良くないんじゃないか？」と思われることが多いです。このように、どこで生産されているかということが、そのモノのイメージを良くしたり悪くしたりすることがあるのです。

原産国をアピールする、とりわけ日本産とか日本製ということをアピールする時に気をつけなくてはならないことがあります。それは日本人がこだわる本物志向です。日本人が信じる本物が、例えばタイ人とかフランス人にとっての「ほんもの」であるとは限らないのです。寿司を例に考えましょう。

よく日本人が海外に出かけると「なにこの怪しげな日本食？」というものに出合うことがあると思います。アメリカに行けば、カリフォルニアロールみたいに日本にはないスシを見かけることが多いですよね。日本人から見て怪しいものでも、アメリカ

人からすれば「ほんもの」に見えるのです。

もう少し考えてみましょう。寿司ネタの代表選手はなんでしょうか？　おそらく多くの人はマグロと答えると思います。しかし多くの外国人にとって寿司と言えばサーモンです。

例えば、タイで、回転寿司に行くと、ほぼ全てがサーモンです。握り寿司も、巻き寿司も、あら汁ですらサーモンです。

フランスの寿司屋も同じです。日本人客はランチで10カンのセットなら、違うネタが組み合わされたセットを頼みます。当たり前ですよね。しかし、フランス人は10カン全部がサーモンのセットを頼む人が少なくありません。パリのその寿司屋で握っていた日本人の寿司職人は、「鮭ばかり握っていて辛い」とこぼしていました（苦笑）。

彼らはマグロにあまり興味はありません。彼らの中では、寿司と言えば、サーモンというイメージができあがっているのです。つまり、タイ人やフランス人の視点からすると、サーモンこそが「ほんもの」なのです。これは寿司という外国料理に対するステレオタイプであると言えます。

こうしたステレオタイプに合わせたマーケティングをしないといけないのですが、どうも日本企業は、本物を出せば売れるはずだというこだわりが強すぎるようで、世界各国で商売が上手くいっていないようです。

「寿司は健康的だ」だとか「寿司を日本人は毎日食べている」とか、日本人から見れば誤ったベタなイメージがあります。それに対して、「そんなことないよ」と言うのではなく、その常識に合わせてどう売っていくか、ということを考えるべきでしょう。

つまり好ましい原産国効果を実現するためには、自分たちがアピールしたいイメージではなく、売ろうとしている相手が抱くイメージなどに合わせる努力が必要なのです。これは、訪日観光客へのマーケティングにせよ、クールジャパン政策にせよ、ひとしく大事なことですね。この問題については、48でもう一回考えますね。

まとめ

外国人に商売をするときには、自分の常識にとらわれず、相手の常識に合わせよう。

27

店の中には非計画購買させるための工夫が充ち満ちている

非計画購買

「買い物リストを書いてもその買い物リストを忘れる人」（⬇16）で書いたように、私たちは、買い物をするときには、どれを買うか、どのブランドを買うかを事前に決めてからお店に入るとは限りません。お店に入ってから決めることは少なくないのです。こういった買い方を**非計画購買**と言います。この非計画購買について考えてみましょう。

今度、コンビニでお金を払うときに、レジの周りをよく見てみて下さい。みたらし団子などがレジ脇に置いてあることがあります。会計するときに団子が目に入ったら、「あ、美味しそう、買おう」と思う人がいるのです。これはまさに衝動買いを促す仕組みです。お店に行くまでは考えてもいなかったものを、その場で見ていいなと思って買うってこと、よくありますよね。

この衝動買いは非計画購買です。しかし衝動買い＝非計画購買ではありません。衝

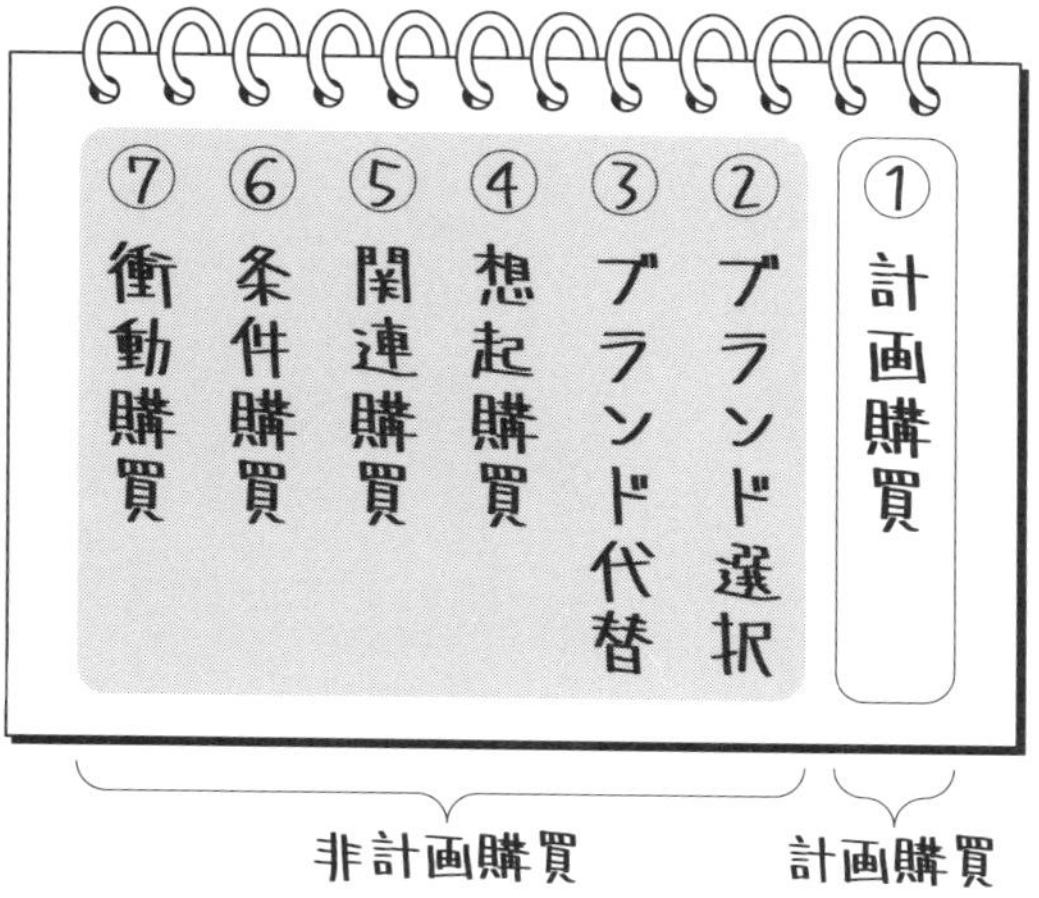

青木幸弘『消費者行動の知識』（日経文庫）参照

動買いは、非計画購買の様々なパターンのうちの一種でしかないのです。

上の図にあるように、計画購買を含めると7つのパターンがあります（この分類は、青木幸弘『消費者行動の知識』〈日経文庫、2010年〉に基づいています）。それぞれについて見ていきましょう。

①の計画購買とは、例えば「キリンの生茶を買う」と決めてからお店に入って、実際にも生茶を買う場合です。

②のブランド選択というのは、「緑茶を買おう」と決めてお店に入って、キリンの生茶にしようか、伊藤園のお～いお茶にしようか悩む場合です。

③のブランド代替というのは、「キリンの生茶を買う」と決めてからお店に入

ったけれども、気が変わってお～いお茶を買った場合です。

先ほどのみたらし団子の衝動買いとは違うように見えますが、②ブランド選択も、③ブランド代替もまた非計画購買の一種です。

この2つについて考えると、お店の棚の陳列をどのように作るかということがいかに重要かということがよく分かると思います。例えば、生茶がお茶の棚の面を半分以上占めていれば、ブランド選択やブランド代替によって、生茶が買われる確率が高まるからです。ですからメーカーにとっては、自分の商品の棚をどのように確保するのか、ということが重要になってくるわけです。

ただ、メーカーはさらに違うタイプの非計画購買にも対応しなければなりません。先ほどの図に戻って、④～⑦について考えてみましょう。

④想起購買というのは、買い忘れに気づかせる陳列をすることで誘発される購買です。ドラッグストアやホームセンターのレジの前に乾電池が置いてあるのは、「テレビのリモコンの電池を買うんだった」ということに気づかせる役割があります。

あるいは香辛料のコーナーで、ワサビや辛子のチューブが陳列されているのを見て、「ワサビが切れていたんだ」と気づくこともあるでしょう。これは、「棚が外部記憶になっている」という話（⬇16）と同じなのですが、同時に非計画購買を誘発しているとも言えるのです。

⑤関連購買というのは、関連する商品をまとめて買うというケースです。よくあるのが、肉じゃがを作るタレが、豚肉や牛肉、あるいはジャガイモのそばに売られているような場合です。あるいは、暑い夏、うなぎを売るときにビールを一緒に陳列するといったやり方もあります。

このように関連する商品を並べて見せてあげると、どちらかが起点となって、さらなる購買が誘発されるので、結果的に、お客さんの買い上げ点数が増えます。

じゃあ関連陳列をどんどんやればいいじゃない、と思うかもしれませんが、実はこのような売り方にはデメリットもあります。

少し前に「食べるラー油」が流行って、一時は品切れにまでなったことがありました。豆腐に乗せても、ご飯に乗せても美味しいし、炒め物にも使うことができます。そのため食べるラー油は豆腐売り場などにも関連陳列されていたそうです。

でも、このように、様々な場所に置くと、管理が面倒になります。そもそも各商品には、売り場としての「本籍」があります。食べるラー油の本籍は「ごはんですよ！」のようなびん入りの佃煮の横です。食べるラー油は「ごはんですよ！」を作っている桃屋が初めて製品化したからです。ご飯の「おとも」として同じカテゴリーなのです。

豆腐売り場のように「本籍」以外の場所にも陳列すると、メーカーもスーパーも、両方の場所の在庫を管理しなくてはなりません。関連陳列をすれば売れる確率は高まるので、どんどんやればいいじゃないかと思えるのですが、管理の手間を考えると、痛し痒しなのです。

⑥条件購買というのは、「今日だけ安いよ」「本日限り」「旬ですよ」と言われることで、今しかそのチャンスがないと思って買う場合です。

「土用にはうなぎを食べる」習慣を創り出したのは平賀源内だと言われています。別に夏のあの時期にうなぎを食べる必要はない、この季節だから特に美味しいわけでもありません。でも、みんな「土用のうなぎ」と言われると、わざわざ食べてしまう。これは年に一度、発生する条件購買と言えます。

最後の⑦衝動購買というのは、その場その瞬間の思いつきで起こる購買です。最初に紹介したみたらし団子を買う例とか、一目見て気に入った服をすぐに買ってしまうといった例を考えてみて下さい。

このように考えてみると、衝動買い以外にも、私たちはいろんな非計画購買をしていることが分かります。147ページの図にあるように、①計画購買以外の6つは、どれも非計画購買なのです。どんなお店にも、6つの非計画購買を促す工夫が充ち満ちています。それらをぜひ発見してみましょう。

まとめ

お店の中には、非計画購買を促す工夫がいっぱい。

28

「買物ブギー」の笠置シヅ子だってスーパーで買い物をしたかったかもしれない

ワンストップショッピングとロスリーダーとマージンミックス

1950年に発売された笠置シヅ子の「買物ブギー」は、ぼくの授業のテーマソングです。必ず最初の講義で流します。これは、ミュージックビデオの古典中の古典と言うべき傑作です。エプロン姿で買い物かごを持った笠置シヅ子が歌いながら、魚屋、八百屋、電器屋、タバコ屋を回ります。それをほとんど途切れなく、一本のカメラを回して撮影し続けています。

一人暮らしをしている学生に「ふだん、料理の材料を買うときは、どこで買う？」と聞くと、だいたいみんな「スーパーです」と答えます。「商店街に肉屋とか魚屋とか八百屋とかあるでしょう？　なんで行かないの？」と聞くと、「いちいち違う店を回るのが面倒だ」と言うんですね。

食品スーパーでは、日々の生活に必要な肉、魚、野菜を買うことができます。これらを「生鮮三品」と呼びます。生鮮三品を商店街で買うとなると、お金を払う回数は

3回になります。でもスーパーで買えば、レジ1回で会計が済みます。これが、スーパーマーケットという小売業態の大きなメリットです。これを**ワンストップショッピング**と言います。ここで、スーパーという商売が成り立つ仕組みについて考えてみたいと思います。

スーパーは、ワンストップショッピングという便利さを提供しているだけではありません。例えば、スーパーは、売り場で店員とやりとりをせずに買い物をすることができます。カゴに買いたいモノを入れて、レジでお金を払うだけです。レジの人と話をしないのは、愛想がなさ過ぎてどうかと思いますが、話したくなければ話さずに済みます。最近広まってきた無人レジなら、ほんとうに一言も話さなくても大丈夫です。

このように考えると、お店には、店員とのやりとりが必要なものとそうでないものに分けることができます。例えば化粧品をドラッグストアで買うときは不要、でもデパートで買うときは必要です。ドラッグストアとかスーパーでは、店員とのやりとりをしなくてもよいように、様々な工夫をしています。例えば、すべてのモノにきちんと値段が表示されています。値札がなければ、いちいち店員に値段を聞かなくてはなりません。

また、こうした店では、すべての商品がパッケージになっています。魚や肉は冷蔵

庫の中や氷の上に裸のまま陳列するのではなく、白いトレイに載せて透明のラップで包んであります。だからこそ、魚屋で「これをちょうだい」と言って袋に入れてもらうといったやりとりが不要になります。またラップが透明だということも大事です。というのも、透明でないと魚が新鮮かどうか分かりませんから、店員に中身を見せるよう頼む必要が出てきます。

店員とのやりとりが不要だと、配置する店員の数を減らすことができます。また、接客はほぼレジだけになり、お客さんへの対応時間も減ります。その代わりに安くモノを提供できるのです。スーパーもドラッグストアもこうしたメリットを活かしているのです。また、お客さんの中には店員とのやりとりを煩わしく感じる人もいます。そういった人にとって、使いやすい小売業態でもあると言えます。

スーパーは、これ以外にも安くモノを売るための工夫をしています。スーパーはワンストップショッピングを提供していると説明しました。これは言い換えると、高いモノと安いモノを一緒に売ることができる、ということです。どういうことでしょうか？

タマゴとかトイレットペーパーが特売になることがあります。スーパーは集客するために、採算度外視の安い目玉商品を売ります。この目玉商品のことを**ロスリーダー**と言います。お客さんは、それ目当てにスーパーに行きます。おそらくタマゴやトイレットペーパーだけ買って帰るお客さんがたくさんいると、商売は成り立たないでしょう。採算度外視の値段設定だからです。

しかしお客さんはタマゴとかトイレットペーパーだけ買って帰るのではなく、それ以外のモノもついでに買っていきます。そうするとロスリーダーで出た赤字は、他の利益率の高い商品をあわせて買ってもらうことで埋め合わせることができます。

このように利益率の違う商品を組み合わせて買ってもらうことで、全体として利益を出すことを**マージンミックス**と言います。

これまで3つのカタカナ語が出てきました。ワンストップショッピング、ロスリーダー、マージンミックスです。これらは相互に関わり合っています。お客さんはまとめて買い物をしたいです（ワンストップショッピング）。一方で、安いものを買いたいです（ロスリーダー）。この2つの理由からお客さんは高いものと安いものをまとめて買うため、スーパーとして必要な利益を上げることができるのです（マージンミックス）。

これがスーパーマーケットという小売業態のビジネスの仕組みです。こういった視点からスーパーを眺めてみると面白いです。例えば、ロスリーダーは、店の奥に置いてあることが多いです。というのも、ロスリーダーにたどり着くまでの動線を長く取ることができるからです。動線が長くなると、買い上げ点数が増えることは、この業界ではよく知られていることです。

スーパーって面白いですよね。その面白さをもっと知りたければ、「スーパーの女」という映画を見るべきです。次の29で説明しますね。

まとめ

スーパーは安いモノと高いモノを一緒に買ってしまう場所である。

29

「じゃんじゃん売れても品切れしないシステム」としてのスーパー

関スパ方式

伊丹十三監督の「スーパーの女」という映画を、ご存じですか？　ぼくは毎年の授業で、この映画を学生に見せています。１９９６年公開のこの映画は、学部生からすると、生まれたか、生まれる前ぐらいの大昔の映画です。

この映画では、スーパーマーケットのバックヤードで行われている店内加工など、普段、お客さんから見えない裏側を面白くかつリアリティ溢れるストーリーで描いています。職人が仕切る八百屋、肉屋、魚屋という業種店の寄せ集めから、近代的なオペレーションでパートでも新鮮な生鮮食品や総菜などをタイミング良く提供できるようになるというスーパーの進化の歴史が分かるとても良い映画です。

この映画の原作は安土敏（あづちさとし）さんという小説家が書いた『小説スーパーマーケット』（ぱるす出版、１９９２年）です。挫折や絶望といったリアリティにも迫る原作と違って、映画は伊丹作品の常道として、徹頭徹尾エンターテインメントを貫いていて、とても面白いです。そのためか、学生はフィクションだと思うようです。そこで映画を見せた次の回の授業で、この映画の背景を説明しています。

安土敏さんは、首都圏に店舗を多く持つスーパーマーケットチェーンのサミットの社長（公開当時）の荒井伸也さんであること、伊丹監督がサミットや関西スーパーマーケットの店舗を視察したり、『小説スーパーマーケット』などを参考にしたりしてシナリオを書いたこと、荒井さん自身も住友商事から転出してサミットに参画したことなど説明します。

安土名義で１９８７年に著した『日本スーパーマーケット原論』によると、この小説は、１９８０年1月から13ヶ月間、『販売革新』誌に連載した「他人の城」がもとになっているそうです。単行本になるとき、編集者から「もっと経済小説らしい題の方がいいのだが」と言われたときのやりとりを、以下のように回想しています。


「それなら、ずばり〝スーパーマーケット〟がいいのですが」と言いましたが、編集者は首をタテに振ってくれません。スーパーマーケットというといかにも薄っぺらな安売り屋のイメージで、あの小説に描かれた内容を連想しにくいと言うのです。結局、そのときは『小説流通産業』という題で出版され、のちに文庫本になるとき、『小説スーパーマーケット』に改題されました。

学生からしたら、スーパーに「薄っぺらな安売り屋のイメージ」があったなんて、驚きです。そこで説明するのです。「戦後の日本で、スーパーが現れた当時、こんな商売はすぐに廃れるだろうって『スーって出てきてパーって消える』って言われてたんだよ」と。このだじゃれを授業で言いたいので、この映画を学生に見せている、ということは、ここだけの秘密です。

映画では、故・津川雅彦さんが演じる経営者・小林五郎や宮本信子さんが演じる幼馴染の花子が進める改革に反旗を翻す職人の荒ぶる姿が描かれています。魚の職人が、血汁で汚れた冷塩水処理槽の水を飲んで見せたり、気に入らないことがあると鮮魚売り場のいけすをぶち壊したりするシーンは実際にあった出来事だそうです。肉の職人が、肉の営業に意見を言う経営者に対して「素人が余計な口出しをするな」と、包丁を振りかざすのも、本当にあったことだそうです。これについて、安土さんは、『日本スーパーマーケット創論』という本で次のように言っています。

「あの映画を見たとき私は泣きました。全く同じ経験をしたのです。映画館のなかで周りはゲラゲラ笑っている。でも私だけが泣いている。なんだか不思議な感じがしました」と私に語ったのは、ヤオコー社長の川野幸夫である。ほかにも似たような感想を複数の創業経営者から聞いた。もちろん、私にも同じ体験があった。

その実例を伊丹監督にお話ししたのだ。

今では買い物の場として生活の一風景になっているスーパーという業態が、こういった苦労の上に成り立っていることを、学生は次第に理解するようになるのです。

1960年代末、生鮮三品を売るスーパーの黎明期での先進的な考え方は、**セントラルパッケージ方式**というものでした。これは、スーパーとは別の場所で、生鮮三品を加工して、チェーン傘下の各店舗に配送する、という仕組みです。サミットが導入したやり方でした。

その仕組みを変えたのが、関西スーパーマーケットの創業者北野祐次氏です。スーパーマーケットとは、「おかず屋」である、すなわち「内食」のための材料を提供する商売である、と北野氏は考えました。内食とは、外食の反対のことで、材料を買ってきて家で自分で調理することを意味します。ちなみに中食とは、スーパーとかデパ地下で買ってくる出来合いのお総菜のことですね。

「おかず屋」に重要なのは、生鮮食品の「ピッカピカの鮮度」です。しかしセントラルパッケージ方式だと、加工した生鮮三品がお店に配送されるまでに鮮度が落ちてしまいます。また、売り切れてしまってから店頭で補充するまでに時間がかかるので、売り損じが生じます。

そこで考えられたのが、店内加工をする**インストア方式**です。別の場所ではなく、お店のバックヤードで生鮮食品加工作業を行うのです。そうすることで、売り場のいち早い復元が可能になります。この方式は、業界では**関スパ方式**と呼ばれています。

私たちは、スーパーについて、その売り場しか知りません。しかしその裏側には、良いモノを効率良く提供する仕組みが回り続けているのです。「スーパーの女」を見ると、そのヒミツが分かりますよ。

まとめ

スーパーのバックヤードには、売り場のいち早い復元のための仕組みがある。

30

「ハードルを上げるなよ〜」満足は事前の期待で決まる

事前期待と知覚パフォーマンス

顧客満足が大事、とよく言われます。満足するからお金を払ってくれるわけですし、満足したから、再びお金を払ってくれるわけです。では、どれだけ満足してくれるのか、ということは、どのようにして決まるのでしょうか?

大学の講義で考えてみましょう。新学期になると学生は、どの授業をとるのか考えます。良い評判を聞きつけると、面白いらしいからこの先生の授業を取ろうという学生が増えます。しかし、実際に授業を受けてみると、それほど面白くないな、と思う学生が少なくありません。これはなぜかというと、評判が良いから面白いに違いない、と**事前期待**が高まっているので、その期待を上回ることが難しくなったからです。ここでのキーワードは事前期待です。

4月になるとぼくのゼミには新3年生が入ります。そこで4年生を3年生に紹介するのですが、そんなときに「〇〇くんはいつも面白いことを言うよ」とよく言ってみたりします。そうするとその学生は「やめて下さいよ〜、ハードルあげないで！」と言うわけです。これって評判の良い授業があまり面白くないという右の話とロジックは同じです。

この人はこれから面白い話をするだろうという期待をあらかじめ持たせてしまうと、面白がらせるのが難しくなってしまうという、ある種のジレンマが起きてしまうのです。

こういったことを踏まえて授業ではよく学生には、「事前期待が高すぎてもダメだし、低すぎてもダメ。なんで？」と質問します。なぜでしょうか？

高すぎたらダメだという理由は、右で言ったようにハードルがあがり満足してもらえる確率が下がってしまうからです。食べログで評価の高いお店に行ってみたら、そんなに美味しくなかった経験ってありませんか？

一方で、低すぎるとなぜダメかというと、授業の例で言えば、その授業を選択してもらえなくなるからです。同じように、食べログで評価があまり低すぎると、そもそものお店に行きたいと思いませんよね。

だから、ほどよい事前期待を設定した方がよいのです。このほどよさを見極めるには、**知覚パフォーマンス**との関係をみることが重要です。知覚パフォーマンスという

① 事前期待>知覚パフォーマンス

② 事前期待=知覚パフォーマンス

③ 事前期待<知覚パフォーマンス

事前期待と知覚パフォーマンスの関係

のはモノや店が、どれだけよい成果を出してくれるのか、ということについてお客さんが感じたことを指します。事前期待と知覚パフォーマンスの関係には、次の3つのパターンがあります。

ひとつ目は、事前期待が、知覚パフォーマンスより高い場合です。これは右で説明した通りです。

2つ目が、事前期待が、知覚パフォーマンスと同じぐらいという場合です。このケースでは、お客さんは期待通りなので、満足してくれます。

3つ目は、事前期待を上回る知覚パフォーマンスが実現する場合です。このケースでは、「こんなに美味しいと思わなかった」「こんなに安いとは思わなかった」という予想外の驚きと喜びがあります。だから、また来店してもらえたり、再購買してくれたりします。さらには、「この店、美味しいよ」とか「これ使った方がいいよ」と他の人に勧めてくれるかもしれません。

クチコミについての研究によると、良いクチコミよりも悪いクチコミの方が拡がりやすいそうです。やはり人間という生き物は、悪口を言いたがります。逆に言うと、良いクチコミを作るのは難しいのです。だからこそ、事前期待を上回る知覚パフォーマンスを作ることこそが、好意的なクチコミを生み出す効果的なスイッチとなるのです。

例えばザ・リッツ・カールトンという高級ホテルがあります。リッツ・カールトンでは、「真冬にスイカを食べたい」と言ってもちゃんと用意してくれるそうです。また、自分が過ごしやすいように動かしたテーブルやランプの位置や、サービスのフルーツで残したものなど、泊まったときのその人の情報を記録して、次回泊まってくれるときには、そのレイアウト通りに再現したり、残したフルーツは出さないようにします。こうした常連客については、ベルボーイも名前を覚えていますし、その人の好みについてのデータベースを作っているのです。

ただし、リッツ・カールトンのこの手の話は、かなり広まっていますから、事前期待はかなりあがっていると言えるでしょう。宿泊客の多くが、「自分の名前を覚えていてくれるかな?」とか、「どんなサプライズがあるかな?」と思いながら泊まりにいっているかもしれません。だからさらなるサプライズの演出をすることが難しくなっているとも言えるでしょう。まさにハードルがあがっているのです。

この本の「**はじめに**」では「徹頭徹尾くだらない」と申しあげました。この本に対する事前期待のマネジメントをしたわけです。それが上手くいっているかどうかは、読者のみなさんの判断におまかせしますね。

まとめ

ほどほどの事前期待がありがたい。

31

ミスタードーナツはどこの会社が持っているブランド？

企業ブランドと製品ブランド

みなさんは「生茶」がどこの会社のブランドなのか知っていますか？「お～いお茶」「伊右衛門」「綾鷹」はどうでしょう？　答えはそれぞれ、キリン（正確にはキリンビバレッジ）、伊藤園、サントリー（サントリーフーズ）、日本コカ・コーラですね。

では、ミスタードーナツはどうでしょうか？　答えは、ダスキンですね。おそらく知っている人はそんなにいないと思います。ミスタードーナツの店内やテレビ・コマーシャルで、ダスキンが所有するブランドであることをアピールしていないからです。対して「生茶」は、キリンのブランドであることを積極的にアピールしています。例えばコマーシャルの最初や最後にキリンのロゴが出てきます。このようにミスタードーナツと生茶は、「どこの会社のものか」ということをお客さんに教えるか、教えないかという点で大きく違います。このように考えると、**企業ブランド**と**製品ブランド**の関係は、大きく2つに分けることができます。両者の関係について考えてみましょう。

ひとつは、製品ブランドに企業ブランドを冠する場合です。キリン生茶とか、サントリーウイスキー響とか、トヨタ・カローラなどです。日本企業は伝統的に企業ブランドを冠する傾向があります。なぜならば「誰が作って売っているのか」ということをハッキリ示した方が、お客さんが安心すると考えられてきたからです。身元が確かということですね。

また新しいブランドを投入するときに、企業ブランドが冠されていると、その企業が持つ既存ブランドの良いイメージが、新ブランドを底支えしてくれます。例えば花王は、メリット、ビオレ、ニベア、8×4といったロングセラー・ブランドをたくさん持っています。その花王が、最近、リライズというブランドを投入しました。リライズは、白髪染めの新ブランドです。パッケージを見ると、おなじみの花王のロゴマークが入っています。このロゴマークがあることで、見慣れないリライズというブランドが、メリットやビオレを長年提供してきた信頼できる花王という企業が売っているんだな、だから大丈夫なんだろうな、とお客さんは思うわけです。言うなれば、新ブランドを立ち上げる企業ブランドが、既存ブランドと新規ブランドをまとめる「傘」としての役割を果たしてくれるのです。

企業ブランドと製品ブランドのもうひとつの関係は、逆に企業ブランドを隠す場合です。企業ブランドが製品ブランドのイメージに悪影響を及ぼす場合は、隠す方が良いです。ダスキンは掃除用具の貸出サービスが主力商品です。掃除用具を貸出す企業が、ドーナツを売っているというのは、あまり良い印象を与えないのかもしれません。

また、プリングルズというポテトチップスは、P&Gが売り出した製品です（現在は日本ケロッグが販売）。P&Gと言えば洗剤を売る会社というイメージでしょうか。洗剤を売る会社のポテトチップスって、ちょっと美味しそうには聞こえません。ちなみにP&Gは、SK-IIという高級基礎化粧品のブランドも所有しています。しかしぼくが知る限り、SK-IIがP&Gによって提供されているという情報は、P&Gは積極的に出してはいません。おそらく企業ブランドを冠すると、SK-IIの高級なイメージを損なうからと考えられます。

P&Gがそうであるように、欧米の企業は、企業ブランドを隠して製品ブランドを前面に押し出す傾向にあります。その方が、個々の製品ブランドのブランド・イメージを自由に構築できるからです。

例えばロレアルという世界最大の化粧品会社グループがあります。どんなブランドをロレアルは所有しているでしょうか？　例えばランコムがそうです。これはフランスの高級感のあるイメージですね。あるいはキールズというスキンケアブランドも持っています。これはニューヨーク発のナチュラルなイメージですね。さらにはシュウウエムラもロレアルのブランドです。日本発で東洋的なメイクアップのイメージでしょうか。つまり、ブランドごとに、国のイメージ（⬇26）を使い分けているわけです。

この3つのブランドが同じ企業が所有していることを知っている人は、化粧に詳しい人を除けば、そんなに多くないと思います。なぜならば、ロレアルは、これらのブランドにあえてロレアルという企業ブランドを冠することはしないからです。

企業ブランドを隠すのは、企業ブランドが製品ブランドのイメージに悪影響を及ぼす場合である、と先ほど説明しました。その通りなのですが、ロレアルはもっと事情が込み入っています。ロレアルはロレアルパリという製品ブランドもまた持っているのです。ロレアルパリは、ドラッグストアなどで売られている大衆的なブランドです。お客さんはロレアルなりロレアルパリのロゴなどを見ると、「マツキヨとかで売っているやつだ」と思ってしまいます。そんなイメージなのに、ロレアル・ランコムとかロレアル・キールズとしてしまうと、ランコムの高級感や、キールズのナチュラル感が損なわれてしまいます。

企業ブランドを隠す理由は、さらに2つあります。ひとつは、ロレアル・ランコムなどとしてしまうと、「なんだ全部、同じ会社のブランドなのか」と思われてしまい、製品ブランドの個性が打ち消されてしまうからです。

もうひとつは、企業ブランドが冠されていなければ、製品ブランドを売買しやすいです。例えば、マイユというフランス発のマスタードとかピクルスのブランドがあります。このブランドは、2000年にユニリーバが買収しています。将来、ユニリーバは必要であれば、マイユ・ブランドを他の企業に売るかもしれません。その際に、ユニリーバ・マイユとすると売りにくいのです。プリングルズもまたP&Gから日本ケロッグに売られたという事実も思い出して下さい。

なお、マイユは日本ではエスビー食品が販売しています。裏のラベルを見れば、そのことが分かります。学生には、「どんなブランドでもどこの企業が提供しているのか、ラベルを見て確認してね」と教えています。みなさんもいかがですか？

まとめ

ブランドのラベルを見たら、意外な会社が提供しているのが分かる。

32

夫婦関係をテコにしてトレンチコートを売る方法

家族の意思決定とポリティクス

　いつもスーツがばっちり決まっている男の人っていますよね。そういう人は、オシャレに関心があるのかもしれません。しかしオシャレに関心がない人である可能性もあります。つまり、妻が全部夫の着るものを準備してあげている場合です。平成が終わりかけた現在では、そういった着せ替え人形のような夫は少なくなったようですが、かつてはスーツから靴下からハンカチに至るまで、自分の服のことを妻に任せっきりの人がいたものでした。

　そんな人に紳士服を売るにはどうしたらよいでしょうか？　例えば、トレンチコートを売るにはどうしたらよいでしょうか？　ポイントは、意思決定者である妻の心をつかむことです。ある紳士物のブランドでは、それを着る本人ではなく、その妻がときめくようなディスプレイを作るよう心がけるそうです。

　平日に専業主婦である妻がデパートに来店します。婦人物のフロアで自分の服など

を見た後に、紳士物のフロアに行きます。そこで、素敵なトレンチコートが彼女の目にとまります。「このコート、いいわね」と思うのです。

週末に、妻は夫を連れて改めてデパートに行きます。ファッションに関心がない夫は、妻に言われるままにそのコートを着ます。サイズが合っていたら、それでいいやと思うので、妻の言うまま買ってくれます。

パコ・アンダーヒルという人が『なぜこの店で買ってしまうのか――ショッピングの科学』（鈴木主税・福井昌子訳、早川書房、2014年）というとても面白い本を書いています。アンダーヒルは、お客さんの店内での行動を細かく観察して、店舗レイアウトの改善などを提案するコンサルタントです。彼の観察によると、試着をする回数は、明らかに女性より男性の方が多いそうです。さらに言えば、試着した後に「また今度来るね」と買わずに店の外に出てくるのは、男性より女性の方が多いそうです。

これは言い換えるならば、男は試着させてしまえば、その服を買う可能性が高い生き物である、ということです。どうしたら試着させられるか。それは試着させられるパワーを持つ人物、すなわち妻の心をつかむのが大事になってくるのです。これは、まさに夫婦間の**ポリティクス**（政治的権力関係）を利用した紳士物コートの売り方です。

使う人となにを買うのか決める人が違うとか、使う人と払う人が違うといった例は、家族においてはたくさんあります（2のテキ屋の例を思い出して下さい）。これまで考えてきた消費者の意思決定は、個人が行うものでした。しかし世の中には、家族という単位で購買意思決定をすることも少なくないのです。当たり前のことですが、複数の人間が関わってくるため、個人の意思決定とは異なるプロセスが生じます。

複数の人が関わる意思決定には、大きく分けて2つの方法があります。引き続き夫婦の例で考えましょう。

ひとつは、話し合いをして買う方法です。教育水準が高い方が、話し合いをして意思決定することが多いと言われています。

もうひとつは、買うモノに応じて役割分担するという方法です。例えば専業主婦がいる家族では、洗濯機や冷蔵庫など家電を買う場合は、妻が主導権を握ることが多いでしょう。一方、クルマを買い換える場合は、夫が主導権を握るかもしれません。夫婦を長く続けていくと、いちいち確認せずともお互いの好みを踏まえた上で意思決定ができるようになります。着るものでも食べ物でも「この色は選ばないだろうな」とか「これは味が濃すぎるから嫌がるだろう」と相手の好みに基づいて取捨選択をするようになるのです。

モノを売る立場からすると、家族を構成する人間たちの間に生じている影響関係を、適切に読み取ることが大事です。これは、夫婦のみならず親子間でも言えます。

例えば、子どもが「ペットを飼いたい」と言い出すと、親は「ちゃんと世話をしなさいよ」としぶしぶ買うことを許す場合があります。飼うと一体、なにが起こるのでしょうか？　もちろん家族によっていろいろなケースがあるでしょう。中には、結局、子どもが世話をしなくて、お父さんがメタボ対策ということで、毎朝とぼとぼと散歩をさせているご家庭もあると思います。

家族でなにかを買うときには、様々な役割があります。誰が話を持ち出すのか、誰が影響力を持つのか、誰が一番詳しいのか、誰が本当に決める人なのか、誰がお金を出す人なのか、（犬の散歩のように）誰がメンテナンスをするのかなどです。

家族にモノを売るためには、誰がどの役割を担っているのか、ということを読み解く必要があります。家によっては、子どものわがままが通ってしまうところもあれば、母親が強大な権力を持っているところもあれば、先の説明のように家電は母親、クルマは父親というように分業しているところもあります。

例えばクルマのディーラーの営業だったら、買い換えを考えている家族で、誰が運転をして、誰の発言権が強いのかなど、その家族内のポリティクスに通じる必要があるのです。

これは、実はBtoBの営業にも言えることです。例えば資材なり原材料なりを会社に売る場合には、直接の窓口となる担当者、どれを購入するのか決める人、資材や原材料を実際に使う人など、組織の中にも家族と同様に様々な役割があります。営業として一番良くないのは、窓口の人の言うことを鵜呑みにすることです。誰が真の権力者なのか、組織の中のポリティクスを読み解かないと、効果的な営業はできません。

まとめ

家族の意思決定は、家庭内のポリティクス次第。

第 4 部

人間の人間らしいところを見る

私たちはロビンソン・クルーソーではありませんので、他の人と関わりながら生きています。実はクルーソーもフライデーという人物と暮らしていました。第4部では、周りの人間に影響を受けることで、いろいろな消費をしているということについて考えてみたいと思います。

33

オープンカーは愛人であり、セダンは妻である

モチベーション・リサーチ

精神医学者のジークムント・フロイト（1856-1939）を知っていますか？「無意識」を発見した人物です。「無意識」を発見するって、考えてみたら不思議なことです。意識されないものが無意識のはずであり、そうだとしたら「無意識」というものは、意識したり発見したりできないはずです。でも、私たちは、時々「無意識のうちにやっちゃった」みたいな言い方をします。制御できないなにかによって突き動かされているという考え方は、フロイトにまでさかのぼることができるのです。

フロイトの理論がマーケティングに活用されたことがあることは、ご存じでしょうか？これが、今から紹介する**モチベーション・リサーチ**というものです。

モチベーション・リサーチとは、1950年代のアメリカで盛んに行われた市場調査の方法です。具体的には、深層インタビューという方法を使います。これは、時には数時間もかけて、消費者からじっくり話を聞くことで、消費者の潜在的な動機を明

らかにしようとするものです。

この「モチベーション・リサーチの父」と言われたのが、アーネスト・ディヒター（1907-1991）という人物です。フロイトの影響を受けたディヒターは、その知識をマーケティングに活かします。230以上の様々な製品についての深層インタビューを行い、得られた知識をマーケティング戦略に落とし込んだのです。

フロイト理論がマーケティングに活用されるときに強調されたのは、製品が性的な象徴である、ということです。例えば、中年の男がスポーツカーを所有するのは、性的満足の代償である、といった解釈の仕方です。一体どういうことでしょうか？

『Getting Motivated』（Pergamon、1979年）という本で、ディヒターはクライスラーのショールームで行った実験を紹介しています。オープンカーとセダンを別々のショールームに展示して、お客さんが、どっちを見に行くのかを比較したのです。オープンカーを見る人の方が、セダンよりも6～7倍も多いという結果になりました。しかし、クライスラーの売り上げ構成に占めるオープンカーの割合は、わずか2％しかありません。魅力的なのに売れないのはどうしてでしょうか？

ディヒターが着目したのは、実際にオープンカーを買うのは、若い未婚の男であるという事実です。また、45～50歳の男たちもオープンカーを買うことも発見しました。

この事実から、ディヒター独自の解釈が始まります。

オープンカーは若さの象徴だ。男というものは、愛人を持ちたいという秘めた願望がある。オープンカーを買うという行為は、愛人と関係を持つことの罪悪感を感じることなく、浮気をしたいという願望を実現することだ。しかし、たいていの男は、安定しており無難な「妻」であるセダンを買う。オープンカーを買う、つまり「愛人」を持つことは夢物語でしかない……。

(『Getting Motivated』より筆者が要約)

この解釈によれば、未婚の男がオープンカーを買うのは、浮気ではないので、問題ありません。中年の男がわざわざオープンカーを買うのは、浮気をしたい願望を間接的に満たしている、ということになります。

ディヒターはこうした解釈をするだけではなく、それを具体的なマーケティング施策に落とし込みます。例えば彼が考えたのが、オープンカーを「おとり」として使う、ということです。ショールームの目立つところにオープンカーを展示して集客して、実際には奥に置いてあるセダンを買ってもらうのです。

みなさんは、ディヒターの解釈をどう思いましたか？「なるほど、すごい」と思った人もいるでしょうし、「眉唾」だと思った人もいるでしょう。実際、モチベーション・リサーチは、この2点から批判にさらされることになります。

ひとつは、「なるほど、すごい」に基づくものです。そんなに人の欲望が読み解けるなら、世の中をコントロールするのではないか、という恐怖心に火を付けたのです。人間の無意識に遡り、それをマーケティングに活かすことで、大企業が好き勝手に消費者を操るのではないか、という批判です。

もうひとつの批判は、「眉唾」に基づくものです。つまり科学的な客観性がない、ということです。深層インタビューから得られた発言を主観的に解釈しただけであって、客観的な証拠としてのデータを提供していないのです。以上の批判ゆえに、モチベーション・リサーチは、その後、衰退しました。

しかし21世紀の現在では、アンケートなど数字のかたちで得られたデータ（これを定量データと言います）だけでなく、インタビューや現場観察、ソーシャルネットワークへの投稿など、ことばやイメージに基づくデータ（これを定性データと言います）を集める市場調査が盛んに行われています。

人間の欲望をきちんと理解するためには、当事者の行動やものの考え方に寄り添って、本人すら気づいていない欲望をあぶり出す必要があります。こうした理由から、近年、欲望の鏡として定性データが注目されているのです。また、フェイスブックやインスタグラムでの投稿が、ネット上で日々大量に出現していることもまた、定性データをマーケティングに活かそうという機運を高めています。

定性データの活用で大事になってくるのは、データの**解釈**（⬇9）です。この解釈という作業は、極めて人間くさいものであり、AIが取って代わることができません。解釈という行為は、誰がやっても同じになるような客観的な手続きではなく、解釈者自身がクリエイティブな主観を与える作業です。この意味で、ディヒターは、データの解釈者として天才的な人物でした。

手元にある莫大な数の定性データをどう扱って良いのか分からない、という話をマーケターからよく聞きます。そんな悩みがある人は、ディヒターから学ぶと、きっと得られることは大きいはずです。

まとめ

解釈とは、データにクリエイティブな主観を与えること。

34

観光客は絵葉書と同じ写真を撮りたがる

観光客のまなざしとステレオタイプ

旅行をしていて目新しいものを見ると、つい写真を撮りたくなります。最近は、日本を訪れる外国人観光客をたくさん見かけます。彼らがどんなものを撮っているのか観察してみると、とても面白いです。以前、ぼくが見たのは、自動販売機が10台以上ずらっと並んでいるのを熱心に撮っている観光客たちです。その人たちにとっては、そんな光景が目新しいものだったのでしょう。観光とは、未知なるものの発見なのです。

しかし逆の考え方もあります。観光とは、既に知っていることを確認することである、という考え方です。これを**観光客のまなざし**（tourist gaze）と言います。

もう30年も前のことですが、ぼくは札幌の高校に通っていました。札幌にはご存じのように、明治期の白い木造建築として名高い時計台（旧札幌農学校演武場）があります。北海道観光の目玉のひとつですね。高校生の時に、時計台の前を通りかかると、本州からきたとおぼしき観光客が時計台の写真を撮っているのをよく見かけました。しかし、彼らとしては困ったことに、時計台は高層ビルに囲まれているのです。テレビ番組とかガイドブックで見た時計台の光景とはずいぶん違って、ビルの陰の暗がりの中に時計台がぽつんとあるのです。観光客たちは、ビルが映り込まないようにアングルなど一生懸命工夫して写真を撮っていました。

観光客とは、現実を写すのではなく、撮りたいものを撮るんだな、となんとなく思ったのをよく覚えています。これが、ジョン・アーリ（1946-2016）というイギリスの社会学者が言う「観光客のまなざし」であることに気づいたのは、ずいぶん後のことでした。なお、のちに時計台の前には、まさにイメージ通りの撮影を行えるような撮影スポットを教える踏み台が設置されたそうです。

観光客は、訪ねる場所について、なんらかの事前情報を持っています。そもそもパリのことを知らなければ、パリに行きたいなどとは思いもしません。こうした人たちは、パリについての何らかの良いイメージを抱いています。花の都とか、オシャレなカフェとか、セーヌ河畔でキスする恋人たちとか、エッフェル塔、凱旋門、ルーブル美術館といった名所とかです。

実際に、パリに行った人はなにをするでしょうか？　それは、自分の知らないことを発見するのではありません。やっぱり花の都なんだと感動したり、カフェとかセーヌ河の雰囲気に酔ったりするのです。あらかじめ自分の中にある「まなざし」を現地で確認しているのです。

ちょっとシニカルすぎるでしょうか？　でも観光名所で自分が撮った写真が、まるで絵葉書そっくりだったことに後で気づいたことってありませんか？　もちろん旅に新しい発見がまったくないとは言いません。しかしその発見自体も、実はいろいろなメディアを通じて得た事前情報の「再発見」でしかないかもしれません。事前情報が与える「まなざし」の視界に入らないものを、そもそも見つけられなかったのです。

観光地は、観光客にお金を落としてもらうための工夫をしています。その工夫のひとつは、「観光客のまなざし」にフィットする、というものです。つまりベタなイメージを提供するのです。

例えば、浅草のことを考えて下さい。浅草寺(せんそうじ)の前に並ぶお店には、提灯とか扇子とかぺらぺらの着物などが売っています。日本人からするとベタすぎるゲイシャ・フジヤマの世界観が展開されているのです。これは、訪日観光客の持つ「まなざし」に合致するものであり、だからこそ喜ばれ、モノが売れるのです。

こうしたイメージは、**ステレオタイプ**と呼ばれます。ステレオタイプは、正しかっ

たり、そうでなかったりするものの、多くの人に抱かれているイメージです。このステレオタイプに合わせることで、観光客の確認作業が実現し、満足してもらえるのです。

この「観光客のまなざし」は商業的に作られることが少なくありません。例えば、ハワイということばを聞くと、私たちの多くは、ハワイアンミュージックが流れる中、フラをゆったり踊る女性のイメージを思い浮かべます。こうした「南国の楽園」というイメージは、観光業界が映画業界や音楽業界とともに創り上げたことは、よく知られています。日本では、1960年代に展開されたサントリーのキャンペーン「トリスを飲んでHawaiiへ行こう！」とか、映画「ハワイの若大将」などが、ハワイ・イメージの形成に貢献しました。

今でも日本人は、ハワイに行くと、首飾り（レイ）をかけたり、花飾りを髪に付けたり、あるいはアロハシャツを着たりします。こういうのって楽しくてワクワクしますよね。でも、こうした観光行動は、メディアを通じて事前に学習した「観光客のまなざし」を、現地で確認する作業であると言えるのです。

こうしたことは、どの国の人であっても、文化を越える際に必ずと言っても良いほど起こります。これまでの自分の旅を振り返ってみて、どのような「まなざし」が作動したのか、いちど、考えてみて下さい。まなざしについて、一段上から別のまなざしを与えることで、これからの旅行が、あるいは旅先が、違って見えてくるかもしれません。

まとめ

観光とは発見ではなく確認。

35

スタバでＭａｃを開くとドヤリングになるのか問題

鏡に映る自己

ドヤリングって知っていますか？　スタバでＭａｃのラップトップパソコンを広げて使って「どや顔」で見せびらかすことだそうです。ここでは、ちょっとドヤリングについて考えを深めてみましょう。大事なポイントは、「どのような場合であればドヤリングと呼べるのか？」ということです。

ぼくもＭａｃＢｏｏｋを持っていますので、時にはスタバで使うこともあります。仕事をするためですね。とくに見せびらかそうと思っていないわけです。この場合はドヤリングになるのでしょうか？

これについて考えるために、「本人の意図がある場合とない場合」と「他者がそう認識している場合とそうでない場合」という2次元からなる次ページの表で考えて、それぞれを見ていきましょう。

Ａは、「本人はドヤリングしているつもりだし、他人もドヤリングしていると思っ

	本人はドヤリングしているつもりだ	本人はドヤリングするつもりはない
他人はドヤリングしていると思っている	**A** 本人はドヤリングしているつもりだし、他人もドヤリングしていると思っている。	**B** 本人はドヤリングするつもりはないが、他人はドヤリングしていると思っている。
他人はドヤリングしているとは思っていない	**C** 本人はドヤリングしているつもりだが、他人はドヤリングしているとは思っていない。	**D** 本人はドヤリングするつもりはないし、他人もドヤリングしているとは思っていない。

ている」ケースです。本人の意図と周りの認識が一致する場合ですね。これは分かりやすい場合です。

Bは、「本人はドヤリングするつもりはないが、他人はドヤリングしていると思っている」ケースです。本人は意図しないけれども、周りがそう認識している場合ですね。上で、ぼくはドヤリングするつもりはないと言いましたが、ぼくがＭａｃＢｏｏｋをスタバで使っているのを見た人は「あー松井、ドヤリングしているよ」と思われているのかもしれません。

Cは、「本人はドヤリングしているつもりだが、他人はドヤリングしているとは思っていない」ケースです。本人はＭ

ａｃを使っていることをアピールしたいのに、周りが気にしないという場合ですね。

Ｄは、「本人はドヤリングするつもりはないし、他人もドヤリングしているとは思っていない」ケースです。これはＡと同様に、本人の意図と周りの認識が一致する場合です。Ｍａｃを使っている人は今ではとても多いので、特に見せびらかすモノではなくなっているのかもしれません。そうならば、お互いいちいち気にしないということも考えられます。

このように2×2の表で考えると分かりやすく整理できます。しかし、ことはそう簡単ではありません。さらに次の2つについて確認すべきです。

ひとつは、本人がドヤリングでなにをアピールしたいのか、ということです。おそらく「オシャレな自分」をアピールしたいのかもしれませんが、一方で「ドヤリング」というある種、揶揄する物言いを分かった上で、あえてウケ狙いでベタなことをしているのかもしれません。

もうひとつは、他人がどう認識するのか、ということです。「あのひとカッコイイ」と思うのかもしれませんが、一方で「いまさらドヤリング？　あれがイケてると思ってるのならかなりイタイ」とネガティブな受け止め方をするかもしれません。

これらのことを考えると、例えばパターンＡは、さらに4つに分けられることが分かると思います。オシャレアピール×カッコイイ認識、オシャレアピール×イタイ認識、ウケ狙い×カッコイイ認識、ウケ狙い×イタイ認識の4種類です。パターンBやCでも同様に複雑になります。表では本人アピールと他人認識をそれぞれ2種類に分けましたが、もっと細かく分けてみると、さらに複雑になるのが分かるでしょう。

「複雑だ複雑だ」と畳みかけていますが、さらに考えると、次のことも考慮しなければなりません。つまり、私たちは、自分の振る舞いについて他人からどのように見えているのか、ということを考慮して、自分の振る舞いを決めている場合がある、ということです。「もしスタバでＭａｃを使ったら、人にどう思われるだろう？　ドヤリングを得意になってやっているイタイ人だと思われたらどうしよう」と考えてしまうということです。もちろん人によってはそんなことは気にしないでしょう。しかしドヤリングに限らず、自分が他人からどのように見えるのか、ということを考えた上で、自分の振る舞いを決めることは、多くの人がしているのです。

このことをチャールズ・クーリー（1864-1929）という学者が、**鏡に映る自己**（looking glass self）と名付けました。他人からどう見えるのかということから自分が何者なのかを確認するという作業は、まさに鏡に映った自分を確認する作業と同じなわけです。

たかがドヤリング、と言えそうですが、議論して考えてみると「鏡に映る自己」ということばにたどり着きました。そしてこのことばを知ることで、ドヤリングの背後にある複雑な心のプロセスを想像もしくは妄想できました。

ここまで読んだ人は、「ドヤリングの話は確かにそうだけれども、そもそも鏡に映る自己ってマーケティングに関係あるの?」と思っているかもしれません。しかし使うときに人目に触れるモノ、例えばファッションとかクルマとかには大いに関わります。例えば、今日はなにを着ていくのか、ということを決めるときには、意識的、無意識的に人からどう見えるのか、ということをみなさんは考えているはずです。お客さんに服を勧めるショップ店員は、セールストークの中で、これを着たら人からどう見えるのか、どう魅力的に見えるのか、ということを話しているはずです。それは図らずも、鏡に映る自己という概念を活用しているのです。

まとめ

鏡に映った自己を見て、自分が何者かを確認するのは人間の性(さが)である。

36

インスタグラムでのキラキラアピールについて

印象管理と役割期待

ぼくの授業では毎回、感想などのコメントを学生に出してもらっています。面白いコメントを書いてくる学生は少なくありません。その中のひとつにこんなものがありました。「一橋のキャンパスを歩いていたら、髪の毛が濡れたまま歩いている子がいた。ウェットヘアだと普通なら思うかもしれないが、一橋で見ると、お風呂あがりで時間がなくて、そのまま来ちゃったみたいに見える」と(笑)。この観察眼の鋭い学生はその後うちのゼミに入ってくれました。

ぼくが教えている一橋大学は東京の郊外の国立市というところにあります。うちの学生たちは素直でナイスな若者たちなのですが、「自分たちは東京の田舎にある大学の学生だ。慶應とか上智みたいなキラキラした学生生活とは縁遠い」というある種のコンプレックスを抱いているようです。そんな「田舎」のキャンパスだと、ウェットヘアもウェットヘアに見えないというのです。

このようにファッションというのは難しいものです。自分がオシャレだと思っても、見ている人がどう解釈するのか分からないからです。人にどう見えるのかを考えて、自分の言動やファッションを決めることを「鏡に映る自己」と呼ぶと、**35**で説明しました。これは、**印象管理（インプレッション・マネジメント）**の一例です。ここでは、この印象管理について深掘りしましょう。

「インスタ映え」ということばが、2017年の流行語大賞に入りました。実際、インスタ映えするメニューを出す飲食店が多くなりましたね。料理とかラテアートの写真などを撮ってアップしている人って多いです。そんな人は、カプチーノやマキアートを飲みたいからカフェに行っているのではなく、インスタにオシャレな写真をアップしたいから行っているのかもしれません。これはまさに印象管理です。その人は、もしかしたら牛丼も食べているかもしれませんが、牛丼の写真はなぜかアップしません。

私たちは印象管理をインスタ上だけでしているわけではありません。ある時には礼儀正しく振る舞ったり、あるいは別の場面ではざっくばらんにカジュアルに振る舞ったりと、「自分が人からどう見られたいと思っているか」ということを意識して私たちは行動しています。そのようなことを言うと、多くの人は「そんなことないですよ」

と答えるのですが、返す刀で「いやいやそんなことないでしょう」と言ったのが、アーヴィング・ゴッフマン（1922-1982）という社会学者でした。

ゴッフマンは、私たち人間は舞台の上で演じている役者であると考えました。例えば、ぼくは、大学では「教員」という役割を演じる一方で、研究では「共同研究者」という役割を、学生時代の旧友に再会するときは、「同輩」「後輩」「先輩」という役割を演じているのです。教員という役割も、二十歳前後の学部生を教えるときと、社会人院生を教えるときには、違う役割を演じざるを得ません。つまり私たちは、いろいろな場面で違う役割を演じているのです。

こうした様々な場面では、みなさんには期

待される役割というものがあります。これを**役割期待**と言います。この役割期待のひとつが、「性役割」（➡39）です。女らしさ、男らしさについて社会から期待される役割があるのです。

しかし、私たちは、24時間、演じているわけではありません。演じるということは、それを観るオーディエンスがいるということです。私たちは、オーディエンスがいる**表舞台**でしか演じないのです。**裏舞台**では、与えられた役割から解放されます。この表舞台、裏舞台の違いもまたゴッフマンが主張したことです。

ぼくは学生の前では、良い教員であろうと振る舞います（うちのゼミの学生からは「そんなことない！」と突っ込みが入りそうですが）。「失敗を恐れずどんどんチャレンジしなさい」とか「分からないことは恥ずかしいことじゃないよ」とか、適当にポジティブなことを言うわけです。しかし夜、酒を飲みながら「なんだ、あいつはろくに準備しないで卒論発表しやがって」とか悪態をつくのです（いや、本当はそんなことはしていませんよ。ぼくはナイスでグッドな大学教員です）。

みなさんも心当たりがありませんか？　会社では良い同僚なり部下なり上司として演じているけれども、うちに帰ったら、ただのだらしがない大人未満に成り下がることってありますよね。

このように考えると、小売の現場や飲食店では、客と店員がお互いの役割を演じているのが分かります。例えば、レストランでワインを注文するときに、ワイン通ぶるお客さんっていますよね。そんなお客さんが「シャルドネの赤」とかとんちんかんなことを言ったとしても、ソムリエは「シャルドネは白ですよ」とぴしゃりと否定したりしません。お客さんの失敗をできるだけ目立たないように「どのような赤がお好きですか？」などと話をうまくずらします。このように上手くフォローを入れて、演じる者の失敗を隠してあげることを**保護的措置**と言います。このようにゴッフマンは、演劇からのたとえを巧みに活用して、私たちの日常の振る舞いを深く分析することを可能にしたのです。

ウェットヘアの話に戻って終わりましょう。ウェットヘアがウェットヘアとして成立するのは、それを読み解くことができるオーディエンスがいるかどうかで決まるのです。そのようなオーディエンスがいない一橋大学は、表舞台での振る舞いが裏舞台での振る舞いとして解釈されたのです。

まとめ

誰が観ているのかで、自分の振る舞いが決まる。

37

自分の外側にある自分

拡張自己

私たちは、知らない人に出会ったときに、良い人なのか、怖い人なのかと、どのような人なのか想像してみます。話したことがないので、服装や髪型や化粧などの外見から想像するしかありません。その想像は当たったり、当たらなかったりします。これは逆に考えると、知らない人が自分のことを見たときに、どのような人なのかを想像している、ということでもあります。

だからこそ、私たちは、**36**で説明した印象管理をするのです。たとえば、営業として初めてうかがう企業に行くときには、信頼感をもってもらうために、ビシッとスーツを着て清潔感のある身なりにしますよね。このように私たちは、他の人から自分がどのように見えるのかということを想像しながら、自分を表現しようとしています。

では印象管理を行う理由は、他人の視線を気にするということだけに求められるでしょうか？　答えはノーです。印象管理は、自分のためにも行っているのだ、という話をここではしたいと思います。

スーツを着ると、気が引き締まったり、気分が仕事モードになったりするといった経験はありますよね。女性ならば化粧をするとか、男性ならばヒゲを剃ることで、「仕事に行く」雰囲気になったり、社会人としての自分のことを意識したりするのです。

このように外見なり持ち物なりもまた、自分とは何者か、すなわちアイデンティティを形作ります。この外見なり持ち物なりのことを**拡張自己**（extended self）と呼びます。私たちは、意図するかしないかは別に、自分が持っているモノを自分自身の一部と見なします。拡張自己は、印象管理の手段となるだけでなく、個人の記憶やその人が属する社会が共有する記憶を思い出させる目印にもなります。

拡張自己といってもモノだけではありません。個人、家族、地域、集団の４つのレベルに分けることができます。

ひとつ目は、個人レベルです。これは説明した通りで、アクセサリーやクルマや洋服などです。「着るモノがその人を表す」というように、個人的な持ち物のことです。

２つ目は、家族レベルです。自分の住んでいる家や長年使った愛着のある家具や家族写真などがそうです。こうしたモノは、「我が家らしさ」という家族としてのアイデンティティを表現してくれます。

3つ目は、地域レベルです。自分が住む場所や故郷などを考えると分かると思います。例えばふるさとに帰ると懐かしさを覚えるはずです。そこには、地域のコミュニティへの帰属意識がにじみ出ているのです。

4つ目は、集団レベルです。たとえば、スポーツやオタク趣味のコミュニティなどを考えて見てください。特定のコミュニティへの愛着があるのです。

この4つに照らして見ると、みなさんにも様々な拡張自己があることが分かると思います。私たちは、この4つのレベルの拡張自己を通じて、自己のアイデンティティを形作ったり、確認したり、あるいは変えようとしたりしているのです。例えば、「上京」して、あえて故郷との関係を絶って、今住む場との結びつきを強めるのは、「地域レベル」における拡張自己の変更であると解釈できます。

この拡張自己という考え方は、1988年のアメリカの論文で発表されたものです。ネットが普及した21世紀には時代遅れの考え方かもしれません。しかしこの著者（ラッセル・ベルクさんという人です。みんなラスと呼んでいます）は、2013年に同じ学術誌に「デジタル世界での拡張自己」という論文を発表しました。そこでラスは次の5つの変化が起こっていると説明しました。

第1に、インターネットが普及することで、私たちの拡張自己の中で、写真や音声、動画といったデータが占める割合が増えています。それらはネット上の情報でしかありません。つまり拡張自己の脱物質化が進んでいるのです。

第2に、そういった写真や動画などを編集することで、自己表現の仕方をより巧妙にコントロールできるようになりました。例えば、インスタグラムで何度も撮り直したベストの「自撮り」写真をアップする人っていますよね。デジタル化したことで、拡張自己はコントロールしやすくなったのです。

第3に、こういったものはネット上で広くシェアされます。こんなことはネットがない時代にはありえないことでした。この結果、ネット上では、直接的には知らない他人とのバーチャルなコミュニティができあがります。現実世界にはないグループを通じて拡張自己が形成されるのです。

第4に、そういった自己表現を通じて、ネット上の観衆から「いいね」をもらったりタグ付けされたりコメントされたりすることで、その人のアイデンティティが構築されていきます。自分を表現してそれがどう見られているのか確認することで、本人と見ている相手の間で、どのようなアイデンティティができあがったのかを確認しているのです。

第5に、こういった個人の情報は広くシェアされるだけでなく、長期間あるいは永遠に流通します。今ではフェイスブックやツイッターで故人のアカウントが残っている光景は珍しくなく、その人の「墓標」のような役割を果たしているのです。

拡張自己ということばを知ることで、営業でスーツを着ることと、インスタグラムの自撮り写真が、実は同じだということが分かりましたね。みなさんの拡張自己にはどんなものがありますか？

まとめ

自分のために行う印象管理もある。

38

仕事に自信がないからスーツにお金をかけてみる新社会人

象徴的自己完結と役割移行

みなさんはなにかに興味を持ったときに、まずは形から入ったことはありませんか？　実はこれは決して悪いことではありません。例えばジョギングを始めようと思ったら、とりあえずおしゃれなシューズとウェアを揃えてみるのも一興です。結局、タンスの肥やしになるかもしれませんが、「オシャレだから着て走ってみたい」とモチベーションが高まって、いつの間にかいっぱしのランナーになることもあり得るわけです。モノを買うことで行動を変えるということですね。

ただ、私たちは、このようなポジティブな理由だけで、モノを買うわけではありません。中身のない自分をモノで補おうとする場合もあります。例えば、仕事ができる先輩が、数十万円のスーツを着ているという話を聞いて、自分もその店に行ってみるなんてことがあります。それはまさに「仕事に自信がない」という負い目、ネガティブな欠点を、外見で補っているということになるのです。補うべき欠点があるとき、消費で補おうとすることを**象徴的自己完結**と言います。

まっとうに考えると、仕事を頑張って覚えることで社会人として成長することが望ましいと言えます。しかし人間はそんなに地道ではないので、手軽な方法を取ろうとします。その方法のひとつが、消費による象徴的自己完結なのです。

興味深いことに、その若い社会人が経験を重ねていくと、消費で補おうとすることはなくなっていきます。なぜなら社会人として成長して仕事ができるようになり自信がでてくるようになると、モノで自信のなさをごまかす必要がなくなるからです。

これは、社会人としての「役割」を十分演じられるようになったからだと解釈できます。新しい役割を得ることを**役割移行**と言います。人間は年を重ねる中で、役割が変わってきます。学生から社会人になるとか、独身から既婚者になるとか、親になるとか、あるいは離婚して独身に再びなるとか、定年を迎えるなど、ライフコースで様々な役割を演じることになります。

役割が移行すると、自分のアイデンティティが不安定になります。なにがなんだか分からないので、とりあえず分かりやすいところから、その役割を演じられている人のマネをするのです。

仕事ができる先輩社会人のファッションを真似ても仕事ができるようになるわけで

はありません。しかしその先輩の仕事ぶりを裏打ちする能力がなにかは、新人には分かりません。そこで外見のように明らかに可視的で分かりやすい部分を真似するのです。

あるいは定年を迎えた男性が社会人という役割を失うことで、うろたえる例は少なくありません。退職者としての新しい役割において、なにをしてみたら良いか分からないので、とりあえず蕎麦を打ってみたりするのです。

人間って、本質的な部分ではなく、分かりやすいところを真似する傾向があります。

ゴッホの錯誤ということばを聞いたことありますか？　ゴッホは生前認められることなく貧しいままその人生を終えました。それを知った貧しく認められていない芸術家はこのように考えるのです。「自分もゴッホと同じで認められなくて貧しい。だから自分もゴッホのような偉大な芸術家になる」と。

これっておかしい考え方だと分かりますよね。ゴッホが偉大なのは、貧しく認められなかったからではありません。才能なり努力なり、優れた絵を生み出す見えない力があったはずです。このように、見えやすい部分が似ているから本質的な部分も似ていると考え違いをすることを「ゴッホの錯誤」と言います。

ところで、フェイスブックCEOのザッカーバーグのように、毎日同じようなデザインの服を着ている人がいます。これは、起業家として自信があるから、「自分は、着ているもので勝負していない」と、消費による象徴的自己完結に対するアンチの立場を表明しているとも言えます。

実はザッカーバーグは印象管理に長けていると思います。実際、フェイスブックから個人情報が不正に流出した問題でアメリカ議会上院の公聴会に呼ばれたときに、彼はスーツを着てびしっとしていました。演じる舞台に応じて適切なファッションを選んでいるのです。

アップルの創業者ジョブズやザッカーバーグのようなシンプルなファッションのことを「ノームコア」と言うそうです。ノームコア的なファッションが注目されると、面白いことに、ジョブズもどき、ザッカーバーグもどきが現れます。でもそれは、ファッションに気を遣っていない風を装っているようで、結局、仕事に自信がないことを補おうとしているに過ぎないのかもしれません。結局、象徴的自己完結に陥っているわけです。

これは、いささか皮肉っぽい解釈かもしれませんし、考えすぎかもしれません。もちろんノームコアがただ単に好きなだけなのかもしれません。しかし消費が不完全な自己を補う力を持つということは、マーケターにとっては商機があると言えます。あるいは役割が移行して不安に陥っている人に、モノで自信を与えることができるのならば、そのお客さんの手助けをしたことになります。その人の消費が、いったいなにを補っているのか、考えてみるのはいかがでしょうか。

まとめ

モノで自信のなさを補うこともある。

39

女子はパンケーキ、男子は牛丼って、いったい誰が決めた？

性役割と逆転ジェンダー製品

「ラーメン女子」とか「弁当男子」ということばを聞いたことはありませんか？　このことばがちょっと気になってしまうのは、**形容矛盾**だからです。形容矛盾とは、矛盾することばが同居する表現のことです。例えば「小さな巨人」（オロナミンC）とか「聖なる愚者」（フォレスト・ガンプとかフーテンの寅さん）がそうです。ラーメンは男っぽい食べ物だし、「愛妻弁当」ということばがあるように弁当は女が作るものです。こういった「常識」に反する表現だから、気になるのです。

この「常識」は、**性役割**というものが作り上げたものです。性役割とは、「女らしさ」とか「男らしさ」について世間から期待されることを指します。性役割は私たちの毎日の消費に色濃く反映されています。「女」とか「男」など自分が属するジェンダーが、どのように行動すべきか、なにを着るべきか、どのように話すべきかについて、私たちは気にしています。例えば、ぼくが牛丼を食べることについてみなさんは不思議に思わないだろうけれども、パンケーキが大好きだと言ったら、ちょっと奇妙に思うかもしれません。このように性役割には、それに伴う消費があるのです。これを性役割製品と言います。

性役割はマーケティングにとって重要です。牛丼は男っぽい、パンケーキは女子っぽい、という「常識」を理解していないと、適切なマーケティングができないからです。

1990年代、ぼくが学生だった頃、吉野家が国内に「吉野家USA」という実験店舗を展開していました。吉野家USAは、普通の吉野家とは違って、マクドナルドのようにセルフでカウンターで注文するスタイルでした。さらに、牛丼のことを「ビーフボウル」と名前を変えて、並はレギュラー、大盛はラージ、特盛はエクストララージと呼んでいました(笑)。さらにダンキンドーナツも一緒に売っていました。どうやら男臭い牛丼をアメリカン(?)な名前にして、女性が好きなドーナツを併売することで、牛丼を女性にも食べてもらいたかったようでした。

四半世紀ほど前に、ゼミの友達と吉野家USAに行ったときには、男子はビーフボウル、女子はドーナツを食べていたことが思い出されます。このように女子に牛丼を売るのはなかなか難しいのです。さらにぼくのようなアタマの悪い男子たちは、カウ

ンターで「ビーフボウル、レギュラーで」と頼みたくないので「並!」と伝統的吉野家流で注文する始末です。あまり上手くいかなかったのか吉野家USAはひっそりと消滅してしまいました。牛丼をめぐる性役割についての「常識」を乗り越えることができなかったのでしょう。

性役割にまつわる「常識」に合わせるということは、一種の顧客適応です。しかし性役割に基づいたマーケティングでは、海外市場でも国内市場でも注意すべき点あります。それぞれ考えてみましょう。

ひとつは、同じ製品でも文化が違うと異なる性役割が与えられているという事実です。例えば、アジアの国々では日本の牛丼に「男らしさ」というイメージはないようです。あるいは、アメリカでは、マンガは「男の子のためのもの」という強いイメージがあり、女性は基本的には読みません。こうした文化差は、国際マーケティングを展開する上で非常に大事なポイントです。

もうひとつは、性役割は時代とともに変わるということです。例えば、昔とは違って男性がスキンケアをすることの抵抗感はなくなりつつあります。それにともなって、男性用スキンケア製品が増えています。このように、男なり女なり特定のジェンダーに結びついていたにもかかわらず、別のジェンダーにも展開される製品を、**逆転ジェンダー製品**と呼ばれています。例えば「山ガール」ということばは、男臭い山登りというレジャーが女性に広まるという「逆転」が生まれた例として解釈できます。

逆転ジェンダー製品のように特定のジェンダーに結びついた製品を、もう一方のジェンダーに売るということは、実は既存製品の新市場開拓という古典的なマーケティングの手法です。こうした温故知新的な手法が、「常識」に対するモノの見方を変えるきっかけとなることは、もっと意識されるべきでしょう。

以上のように性役割は、文化を超えると変わるし、時代が進むと変わります。このことに気づかずに「常識」にただ適応してしまうと、旧来のステレオタイプ（⬇34）を助長しかねず、反発を招く危険性があります。

先ほど「『愛妻弁当』ということばがあるように弁当は女が作るものです」と書きました。これを読んで、そもそもなぜ弁当は女が作らなくてはならないのか、と思った人は少なくないでしょう。弁当作りという家事ひとつをとっても、現実にはジェンダーの逆転が起こりつつあるのです。

しかし家事は女がするものという伝統的な性的分業を尊ぶ広告表現は、今でもちらほら見られます。現実の変化に対する読み方を間違えると、海外市場でも国内市場でも「炎上」しかねません。ＬＧＢＴをめぐる最近の動きは、こうした変化がますます顕在化していることの表れだと思います。

まとめ

アメリカではおじさんがとても幸せそうにパンケーキを食べています。これもまた善し。

40

麒麟（きりん）のごとき存在としての慶應義塾大学の学生

準拠集団

みなさんには、「あんな風になってみたい」、あるいは「ぜったいあんな奴と一緒にされたくない」と思う人っていますか？　こういう人々のことを、**準拠集団**と言います。

36で「自分たちは東京の田舎にある大学の学生だ。慶應とか上智みたいなキラキラした学生生活とは縁遠い」と、うちの学生が思っている、という話をしました。そんな学生に、「慶應の友達は何人いるの？」と聞くと、「いや、いません」とか「高校の友達が慶應に行ったんですけど、大学生になってからは会っていません」という返事がきます。「え、実在の慶應の学生を知らないの？　それ麒麟（きりん）ではないよね？」と突っ込みたくなります。麒麟のごとき想像上の存在としての慶應大学の学生もまた、準拠集団の一種です。

準拠集団とは、その人の評価、願望、行動に重要な影響を持つ実在または想像上の個人または集団のことです。知っている誰かでもいいですし、会ったことのない誰かでもよいのです。例えば、サッカー少年が、たとえ香川選手や本田選手に会ったことはなくても、彼らの一挙手一投足に影響を受けてしまうこともあるのです。

ジュリエット・ショアという人が書いた『浪費するアメリカ人――なぜ要らないものまで欲しがるか』（森岡孝二監訳、岩波現代文庫、2011年）という本があります。なぜアメリカ人は浪費するのか？　彼女が着目したのは、アメリカ人女性の社会進出です。かつてアメリカでも、働きに出ない女性や結婚したら家庭に入る女性が多い時代がありました。しかし、時代が進むと、結婚後も働き続けたり、専業主婦をやめて働き出したりする女性が増えてきます。そうすると女性にとっての準拠集団が変わるとショアは考えました。

専業主婦の時は、ふだん接するのは自分と同じような専業主婦です。しかし働き始めると、職場の上司や同僚であったり、あるいは著名人であったりと、これまで出会わなかった人との接点が増えていきます。

するとなにが起こるのでしょうか？　例えばオシャレで仕事もできる上司や同僚と接するようになると、自分もまたオシャレにしたいという気持ちが芽生えます。オシャレをするにはお金がかかりますよね。もっとお金をかけるには、より稼ぐ必要があ

ります。すると労働時間が拡大し、さらに女性の社会進出が進んでいきます。浪費するのは、新しく社会的接触を持つ準拠集団の影響を受けたから、と彼女は解釈しているのです。ショアは、これは悪循環だと言っています。

しかしマーケターの立場から考えると、ターゲットとなるお客さんにとって、影響力のある準拠集団を設定してあげると、消費を喚起できるとも言えます。なぜスポーツ用品のブランドの多くが、トップアスリートを広告に起用するのか、これでお分かりだと思います。憧れの存在が使っているスポーツ用品を、多くの人は使いたがるのです。

この準拠集団は3つに分けることができます。願望集団、拒否集団、所属集団です。それぞれ見ていきましょう。

願望集団というのは、本田選手のような憧れの存在ですね。ただ注意すべきなのは、ターゲット顧客にとってあまりにも遠い存在であってもいけない、ということです。

例えば、ランコムのミューズに、日本人で初めて戸田恵梨香さんがなったというニュースがありました。ミューズとは、ブランドの広告などに登場するセレブな人のことです。以前、ランコムの人に話を聞いたところ、彼らは広告に「金髪のモデルや女優は選ばない」と言っていました。金髪美女では遠すぎて、多くのお客さんにとって憧れる以前に、「違う世界の人」となってしまうそうです。広告における願望集団の設定においては、お客さんから遠すぎない程よい距離感の人物を採用することが良い場合もあるのです。

一方で、「こんな奴にはなりたくない」というのが**拒否集団**です。嫌悪する存在です。例えば、夏が近づくと体臭を抑えるスプレーの広告が増えてきます。スーツが臭くてエレベーターの中で周りの女の人に嫌がられる男を描く広告を見かけたことがあると思います。こういった男に自分はなりたくない、とターゲット顧客に思わせることを狙っているのです。これって典型的な恐怖アピール（⬇15）ですね。

広告では、願望集団か拒否集団のいずれかを強調して作られることは多いですが、もうひとつ注目すべき準拠集団があります。それは、みなさんが属している組織などの**所属集団**です。クールビズが定着して、暑い時期にネクタイをする人はすっかり少なくなりました。

クールビズでどこまでカジュアルにして良いのかは、会社によってずいぶん違います。シャツは白でなければダメとか、ボタンダウンだとダメとか、あるいは逆になんでもいいし、襟なしでもいいという会社もあります。これは会社ごとにクールビズに関するドレスコードがあり、それに従わなければならない、ということです。まさに所属集団からの影響です。鎌倉シャツのようなビジネスをする業界なら、クールビズのドレスコードがどういったものなのか、注意深く観察する必要がありますね。

この3つの準拠集団はそれぞれ人を動かす力があります。みなさんにとってのこれら3つの準拠集団は誰でしょうか？　考えてみると、結構、影響を受けているんだな、と気づくはずです。

まとめ

他人は単なる他人じゃなくて、自分に影響を与える人たちである。

41

あんなに便利な食洗機が普及しない理由

オピニオン・リーダーとイノベーション普及の5条件

2007年にiPhoneが発売されてから、ガラケーからスマートフォンに買い換える人がどんどん増えていきました。スマホが普及したということですね。一方、食洗機はいまいち普及していません。なぜスマホは普及したのに、食洗機は普及しないのでしょうか？

普及についての有名なモデルをエベレット・ロジャース（1931-2004）というコミュニケーション研究者が50年以上前に提案しました。次ページの図です。

ポイントは、新しいもの（イノベーション）が生まれたら、それを買って使う（これを「採用する」と言います）タイミングが人によって違う、ということです。真っ先に採用する人もいれば、いつまでたっても採用しない人もいるのです。

ロジャースは、採用するタイミングによって私たちを5つのタイプに分類しました。左から右に、イノベーター、アーリー・アダプター（初期採用者）、アーリー・マジョ

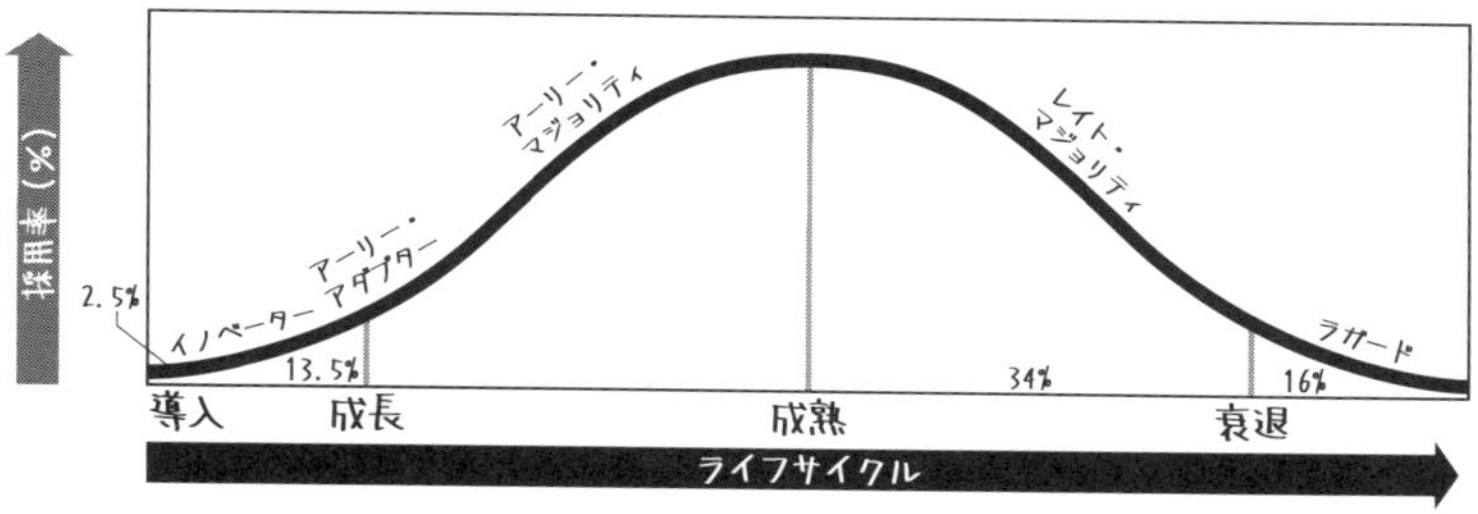

マイケル.R.ソロモン『ソロモン消費者行動論』（松井剛監訳、丸善出版、2005年）参照

リティ（前期多数採用者）、レイト・マジョリティ（後期多数採用者）、ラガード（遅滞者）の5つです。右に位置づけられるほど、採用のタイミングが遅いということです。スマホを例に遅い方から見ていきましょう。

ラガードとは、携帯電話すら使わないとか、ガラケーを使い倒している人のことです。レイト・マジョリティは、かなり普及してから採用する人、アーリー・マジョリティというのは、それなりに普及してきたら買おうかなと考える人、アーリー・アダプターというのは、早めに購入するけれども、イノベーターほど早くは買わない人です。最後のイノベーターは、新型のiPhoneを発売当日にわざわざ並んで買うような人をイメージしてもらうといいと思います。

大事なポイントは、モノなりサービスなりを普及させるためには、アーリー・アダプターの心をつかむ必要がある、ということです。なぜかというと彼らは、続くアーリー・マジョリティ以降の人々に対して影響力があるからです。

アーリー・アダプターは、イノベーターほどではないけれども、新しいものを積極的にどんどん採用していく人たちです。それだけでなく、その後に続く人たちに分かりやすくその目新しいものの魅力を教えてくれるコミュニケーション能力が高い人たちです。この層に普及させることができると、次につなげていくことができます。このため、アーリー・アダプターは、**オピニオン・リーダー**と呼ばれます。

みなさんの友達の中には、「グルメなら、この人に任せておけ」とか「オシャレ番長」といった人がいると思います。そういう人は、グルメなりファッションに関するオピニオン・リーダーなのです。

これは逆に言えば、イノベーターは、それ以降に買う人に対して影響力を持たないということです。彼らは「オタク」なので、イノベーターが採用しても、一般の人々からは、「物好きが訳の分からないモノを使っているな」としか見えず、自分も使ってみようとは思わないのです。

ただ、イノベーターは新しいものを普及させようとする立場からすれば大事な人たちです。ベータテストということばを聞いたことはありますか？　開発中のソフトウエアとかネットサービスの公開直前のバージョンをユーザに公開して使ってもらい、

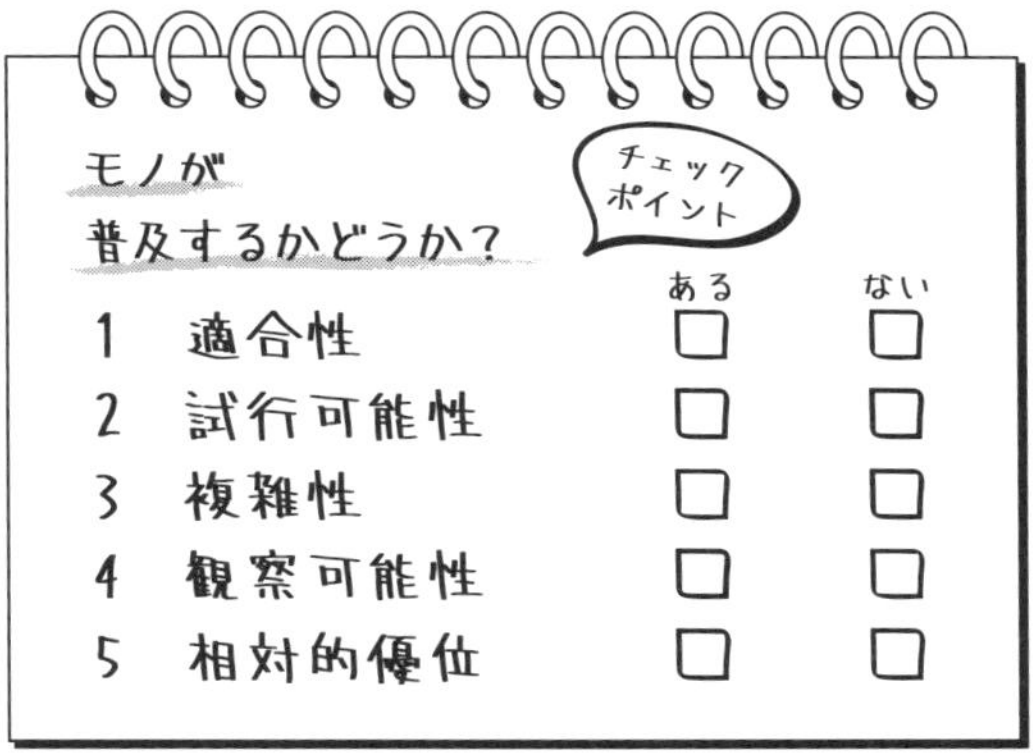

使い勝手などを評価してもらうテストのことです。イノベーターは、ベータテストで、積極的に文句も言うし、いろいろ口出しもしてくるので、改良する上でとても役に立つのです。

モノが
普及するかどうか？
チェックポイント
ある
ない
1 適合性
2 試行可能性
3 複雑性
4 観察可能性
5 相対的優位

ロジャースは、新しいものの普及を左右する条件として5つのポイントを挙げています。食洗機を例に見ていきましょう。

第1の**適合性**とは、その人の価値観にフィットするのかどうか、ということです。もしかしたら食洗機を使わない人は、食器を洗うのを機械任せにするのは、手抜きをしているみたいでイヤなのかもしれません。似たような話は昔もありました。サイモン・パートナーという人が書いた『Assembled in Japan』(University of California Press, 2000) という本によると、戦後、農村で洗濯機を売ることは大変だったと言われています。なぜなら「洗濯は嫁が手でするものだ」という考え方が強固だったからです。たとえその嫁が洗濯機を買いたくても、姑や舅が許さなかったのです。姑舅ブロックですね。

第2の**試行可能性**とは、実際に試すことができるかどうか、ということです。レッドブルはよく大学で、学生に無料配布をしています。こうすることで、レッドブルというエナジードリンクがどんな味なのか、実際に「試行」することができます。しかし食洗機を試す機会はなかなかありません。便利さを体験できないので、普及しにくいかもしれません。

第3の**複雑性**とは、新しいものがどんなものか理解できるかどうか、ということです。食洗機はその意味では複雑性は低いでしょう。食器を自動で洗って乾燥させる機械であることを知らない人はいないと思います。ただ使い方が難しいと思われているかもしれません。

第4の**観察可能性**とは、新しいものを使っている他人がそのメリットを得ている様子を観察することができるかどうか、ということです。スマホが便利かどうかは人に説明してもらうのは簡単です。いつも手元にあるので。しかし食洗機は台所にあるものなので、その人の家に遊びに行くといった機会がないと、なかなか観察することができません。

第5の**相対的優位**とは、新しいものを採用する前にくらべて、どれだけのメリットが生じるのか、ということです。ぼくもそうですが、一度、食洗機を使った人は、もう手放せなくなります。圧倒的な相対的優位性があるのです。

そうであるにもかかわらず、適合性、試行可能性、観察可能性という問題から、食洗機はスマホほど普及していません。しかし、適切なオピニオン・リーダーを活用して、この3つの問題を克服すれば食洗機も普及するはずです。

世の中には、普及しているものとそうでないものがあります。その違いを考える道具をたくさん紹介しました。この道具もぜひ「採用」して下さい！

まとめ

普及しない理由、普及する理由は5つある。

42

ハンバーガーのパテは、いったいなにでできているのか？

商業伝説とゴリアテ効果

気味が悪い話ですが、「マクドナルドのパテにはミミズの肉が使われている」という噂を聞いたことはありませんか？　ミミズの肉を使う方が、よほどコストがかかると思います。根拠がないにもかかわらず、そんな噂が広まることがあります。噂について考えてみましょう。

インターネットが普及したことで、噂はあっという間に広まるようになりました。ソーシャルネットワークを通じてひとりの発言が100人に伝わり、100人の噂が1万人に伝わるようになりました。

このように噂の広まり方は、20世紀と21世紀では大きく違います。しかしその根本的なロジックは同じであると言えます。そこで噂の研究について前世紀に書かれた2つの古典を見てみましょう。

ひとつ目の古典は、ゴードン・W・オルポート（1897-1967）とレオ・ポストマン

(1918-2004) という心理学者が1947年に出版した『デマの心理学』(南博、岩波モダンクラシックス、2008年) です。噂が伝わる中でその内容が歪んでいくプロセスを、平均化・強調化・同化の3つに分けて説明しています。

その3つについて説明する前に、ある評判が良いワインビストロの話を、突然、始めます。このお店、ワインの品揃えが良く、自然派ワインもグラスでいろいろ楽しめます。料理も野菜も魚も肉もしつこくない味付けで洗練されたメニューが充実しています。使っているオリーブオイルも良いものです。料理を出すタイミングも、会話の邪魔にならず、いい感じです。お店の人も物腰柔らかく、ソムリエのオススメも間違いがありません。カウンター中心のお店は、客層も良く、酔っ払いなどいません。間接照明が演出するうす暗がりはとても心地がよいです。お店に流れる音楽には、店主が選んだであろうCDがかかっています。

さて、このワインビストロにみなさんも行ったことがあるとしましょう。このワインビストロについて、どのように他の人に説明しますか？　238字で説明しましたが、この情報を全部伝えますか？　そんなことはないですよね。おそらく平均化・強調化・同化のどれかが生じるはずです。なにが起こるのでしょうか？

ひとつ目の**平均化**とは、省略することです。情報伝達のプロセスで、その内容が次

第に短くなり、要約され、平易になっていく傾向のことを指します。例えば「そのワインビストロ、カウンターがあってワインも料理も美味しいんだよね」と言うかもしれません。自然派ワイン、お店の雰囲気、店員などの情報が欠けてしまいました。

2つ目の**強調化**とは、平均化された要素を強調することです。多くの文脈からある限られた数の要素を受け取り、記憶し、報告する傾向のことを指します。「そのワインビストロ、自然派ワインがいろいろ試せていいんだよね」と言うかもしれません。自然派ワインのことだけ強調されているのです。

3つ目の**同化**とは、語る人の先入観や関心、つまりステレオタイプ（⬇34）に、話の細部が合わせられていく傾向のことを指します。

「そのワインビストロ、間接照明でちょっと暗くて、女の子を口説くのにいい感じの2軒目使いの店だよ」と言うかもしれません。この発言の主は、ワインビストロは女性を口説く場所だと思っている節があります。思い込みの「枠」に情報が歪められてはめ込まれていったのです。

では噂が噂を呼ぶのはどのようなときでしょうか？　この問題について考えたのは、2つ目の古典、タモツ・シブタニ（1920-2004）という日系アメリカ人社会学者が1966年に著した『流言と社会』という本でした。シブタニは、「噂とは状況の再定義である」と言っています。適切に定義できない状況に置かれた人たちが行う社会的相互作用が噂であると彼は考えました。そういう状況に追い込まれた人は、知的に振舞うためにニュースを探し求めます。噂の本質はニュースなのです。

近年の「適切に定義できない状況」の最たる例は、東日本大震災です。震災後、有毒の雨が降るとか、外国人犯罪が横行しているなど、様々な噂が飛び交ったことを思い出してください。なにが起こったのか分からず、不安に陥った人たちは、いま自分が置かれた状況を定義できないため、たとえ普段は冷静な人であっても、根拠のない情報を「よすが」にして腑に落ちやすい納得感のある解釈を持ちたがるのです。これは先の「同化」につながる話でもあります。

最初に触れたマクドナルドのパテについての噂は、**商業伝説**と呼ばれています。ある研究によると、商業伝説のターゲットになりやすいのは、市場シェアが大きかったり市場を独占している大企業になりがちです。モスバーガーではなく、マクドナルドについての噂が起こりやすいのです。このことを、旧約聖書に登場する巨人兵士ゴリアテになぞらえて、**ゴリアテ効果**と呼ばれています。

商業伝説が広まるときには、情報の平均化や強調化が起こっています。マクドナルドについての商業伝説が広まるということは、それは同時に「状況の再定義」が起こっていると言えます。その情報が正しいかどうかが大事なのではなく、納得感があるかどうかが重視されることがあるのです。同化ですね。

噂のことを考えてみると、人間って思い込みから逃れることが本当に難しい生き物だと思います。しかしこれは逆に考えると、情報を伝播させるには、受け手の思い込みがなにかを理解することが大事だと言えます。もちろんウソはよくありませんが、同化しやすい情報を提供することがマーケティング・コミュニケーションの肝なのです。

まとめ

情報を広めるには、情報の正しさだけではなく、納得感があるかどうかが大事。

第 5 部

人間の文化的なところを見る

「はじめに」では、この本は読み進めるにつれて、生物としての消費者から、だんだんと文化的な存在としての消費者に焦点を合わせていくと言いました。最後となるこの第5部では、人間の人間くさい側面について考えてみたいと思います。

ノスタルジアと集合的記憶

43

平成生まれまで「当時」を懐かしがる「ALWAYS 三丁目の夕日」という映画

「角は一流デパート白木屋、黒木屋さんで、紅白粉のお姐さんに、くださいちょうだい、いただきますと千や二千はくだらない品物です」。これ、誰が言ったか、知っていますか？　「男はつらいよ」で渥美清が演じるフーテンの寅さんがテキ屋としてモノを売るときに、よく言っていたセリフです。この映画、１９６９年から１９９５年まで全48作が公開され、ひとりの俳優が演じた世界最長のシリーズとして有名ですよね。子どもの頃は、なにやら古くさい映画だと思っていましたが、30代に入ったあたりで、はまってしまい、全作通して少なくとも3回は見たと思います。

この作品では、人間情緒あふれる下町が存分に描かれています。しかし、全48作の原作・脚本を担当した山田洋次監督は、どこかのインタビューで、そんな下町なんて実際には存在しない、みんなが憧れるファンタジーとしての下町情緒を描いただけだ、と言っていました。つまり昭和の当時、この映画を見ていた人から見ても「懐かし

い」と思うような、現実にはない遠い「過去」を描いていたのです。

そこで、この懐かしさについて考えてみます。キーワードは、**ノスタルジア**です。ノスタルジアとは、過去を悲しみと憧れの入り混じった思いで振り返るほろ苦い感情を意味します。

ノスタルジアをテコにしたレトロブランドは、たくさんあります。例えばスプライトやファンタのようなソフトドリンクがそうですね。今の学生からしたら、これらは、まったく新しいブランドにしか見えません。しかしぼくのような世代にとっては懐かしいブランドなのです。

古いブランドを復刻するだけが、レトロブランドではありません。「なつかしの20世紀」

をコンセプトにしたタイムスリップグリコのように、大阪万博などの過去というコンテンツを活用する場合もあります。

こうしたレトロブランドが活用される理由は、自社、若者、大人、そして親子の立場から、４つに分けられます。

第1に、自社はどのような存在なのか、つまり企業のアイデンティティを再確認することができます。例えば、２０１２年に企業再生を果たした日本航空は、１９５９年に採用された通称「鶴丸」のロゴマークを２０１１年に再び使用するようになりました。尾翼にある鶴丸を見るたびに、自分たちの原点を思い出せるという意味で、非常に効果的でしょう。

第2に、既に述べたように、若者にとっては、レトロブランドは「新ブランド」です。新しいブランドを、一から創るよりも、はるかに安くできます。せっかく自社が積み重ねてきた企業努力を活用しないのは、もったいないことです。

第3に、年を重ねて購買力をつけた大人を懐かしがらせることで、比較的容易に財布のひもを緩めさせることができます。ノスタルジアは、単に懐かしいということではなく、例えば若いときにすごく欲しかったのに買えなかったという悲しい気持ちも含んだ複雑な感情です。特に高額なレトロブランドは、こうした込み入った感情に上手くアピールしています。

この第2の点と第3の点は、年長者にとっては懐かしいものだが、若者にとって新しいものであるというレトロブランドの二面性が表れています。

第4に、子どもの頃に楽しんだモノを親が自分の子どもにも消費させるという波及効果があります。レトロブランドを通じて親は自分が小さいときのことを子どもに語ることができます。レトロブランドは、過去と現在を結びつけるコミュニケーションの手段にもなるのです。

モノだけではなく、映画のようなコンテンツもノスタルジアを喚起することでヒットすることもあります。その代表例が、「ＡＬＷＡＹＳ　三丁目の夕日」（東宝、２００５年公開）です。舞台は、昭和30年代の東京の下町。建設中の東京タワーを背景に、下町の人情溢れる近所付き合いが、「古き良き日本」として描かれています。興味深いのは、この時代を生きたことがない若い世代もまたノスタルジアを感じるということです。このように記憶は個人的なものではなく、社会で共有されることもあります。

社会が共有している記憶のことを**集合的記憶**と言います。直接、その過去を経験していない若い人も、親や学校、メディアなどを通じて、社会として「経験」した歴史的事実を学び知っているのです。レトロブランドや「男はつらいよ」「ＡＬＷＡＹＳ

三丁目の夕日」は、この集合的記憶をテコにして集客したマーケティング事例であると解釈できます。

なにが社会的に共有された記憶なのか、なにがノスタルジアなのか、という問題は、マーケターのみならず、映画製作者のようなクリエイターにとっても大事な問題のようです。

ところで、テキ屋の寅さん、冒頭に紹介したようなセリフを小気味よく話しながら、実に上手にモノを売ります(さっぱり売れないこともありますが)。この天才的なマーケターに敬意を表して『寅さんに学ぶマーケティング』という本を、いつか書けたらなあ、と思っております。

まとめ

経験していないことも懐かしい。

44

フランス料理を食べるのが怖い成り上がり

文化資本と経済資本

金持ちと貧乏人について考えてみたいと思います。金持ちは好きなものを買うことができます。貧乏人はそうではありません。なぜかというと持っているお金の量が違うからです。こう考えると、お金はないよりあった方が良いですね。

ただし一方で、お金をたくさん持っているかどうかで人の価値が決まるわけではない、ということもご存じだと思います。お金をたくさん持っているけれども、うらやましくない人っていますよね。どんな人でしょうか？

いろんな人が考えられますが、その有力候補は、お金はあるが品がない人です。このお金と品の問題について考える上で、便利なのがピエール・ブルデュー（1930-2002）という社会学者の考え方です。ブルデューは、経済資本と文化資本というキーワードでこの問題について考えました。

経済資本とは、簡単に言うと、お金のことです。では文化資本とは一体、なんなのでしょうか？　**文化資本**とは、学歴や教養などのお金以外の個人的資産です。まとめると「経済資本は金、文化資本は品」ということです。

金持ちは2種類に分けることができます。もともと金持ちの家に生まれた人と、金持ちに自分でなった人です。有り体に言うと、前者は「お嬢ちゃんお坊ちゃん」であり、後者は「成り上がり」です。どちらも経済資本があるわけですが、文化資本については その保有量に違いがあります。

お嬢ちゃんお坊ちゃんは、豊かな家に生まれたので、ピアノを習ったり、フランス料理を食べるときのテーブルマナーを身につけていたりする可能性が高いです。小さい頃から外国人と触れる機会が多く、語学も得意かもしれません。歌舞伎もオペラも知っています。文化資本が十分あるのです。

一方、成り上がりはフランス料理なんて金持ちになるまで食べたことがないので、テーブルマナーを知らず、皿の両脇にある数々のフォークやナイフたちにおののきます。コースが進むたびに、正しいフォークとナイフを使っているのかどうか、気になってしょうがありません。ラーメンが大好きで、青カビのチーズがなんで旨いのかよく分かりません。文化資本が不十分なのです。

成り上がりは、不足する文化資本を増やす必要があります。このことを考えるときに、ぼくが授業で学生に見せる動画があります。「160万円でバナナの食べ方を学ぶ――中国1％の富裕層たち」という男性ファッション誌『GQ』がネットで配信している動画です。

12日間約1万6000ドルというフィニッシング・スクール（昔で言うところの花嫁学校）のレッスンでは、高級ブランドの発音の仕方とか、ナプキンの折り方とか、エレガントな牡蠣の食べ方など、教えてくれます。牡蠣を食べるときには「顔をお皿に近づけちゃダメよ。中国料理は頭を低くして食べるけれども、欧米では違うの」と指導します。

「そんなことにこんな大金を払うの？」という感想が必ず学生から出てきます。しかし凄まじい勢いでたくさんの富裕層が生まれているのが、中国社会です。このスクールの経営者が自ら語るように、こうした教育が求められているのです。成り上がりは、自分あるいは自分の子弟をお嬢ちゃんお坊ちゃんにすべく、こうした投資をするのです。

ブルデューは文化資本には3種類あると考えました。

ひとつ目は、客体化された文化資本です。これは、モノのことですね。家にピアノがあるとか、骨董品があるとか、蔵書があるということです。

2つ目は、制度化された文化資本です。これは、大卒といった学歴や、生け花の師範代の免状など、制度が保証する文化資本のことです。

3つ目は、身体化された文化資本です。これは、言葉遣いや、振る舞い方や美的なセンスなどのことです。この身体化された文化資本を、ブルデューはハビトゥスと呼びました。

例えば、みなさんはリンゴをどうやって食べますか？　皮のままそのままかぶりつく人もいるでしょう。あるいは、皮をむいて櫛形に切り分けて芯もキレイに取り除いて、お皿に盛りつけてフォークで食べる人もいると思います。前者は下品、後者は上品であると言えます。こうした食べ方も含めた振る舞いや身のこなしが**ハビトゥス**なのです。

さっきの中国のフィニッシング・スクールでは、皮がむかれていないバナナをナイフとフォークで食べる方法も学びます。この動画によると、まず両端をナイフで切り落として、皮の湾曲した外側と内側に縦に切り目を入れて、上側の皮を取り除けば、優雅にバナナを頂くことができます。ぼくは生まれてこの方、バナナの皮は手でむいてきた人なので勉強になりました。ただ今後も、手でむくと思います（笑）。

貧乏人が金持ちになるように、金持ちが貧乏人になることがあります。太宰治の

	文化資本なし	文化資本あり
経済資本あり	成り上がり 	お嬢ちゃん お坊ちゃん 
経済資本なし	貧乏人 	斜陽族 

『斜陽』の世界ですね。こうした没落階級のことを、戦後、「斜陽族」と呼ぶのが流行りました。斜陽族は、経済資本は減ったものの、文化資本は依然として残しているのです。

図にあるように、なるほど文化資本と経済資本という軸で分けると世の中は、貧乏人、成り上がり、お嬢ちゃんお坊ちゃん、斜陽族の4種類に分けられることが分かります。

この図のある象限から別の象限に移動すること、つまり金持ちになったり、貧乏になったりする人がいるということは、別の観点から見ると、社会に流動性があるということです。

ただ階級は再生産されることがありま

す。例えば、人は自分と同じ階級の相手と結婚することが多いと言われています。これを**同型配偶**と言います。それによって同じ階級に留まってしまうのです。

ずいぶんあけすけな話をしてきました。ただ、貧富が単に金の多寡の問題ではないということが分かったと思います。それが分かったということは、それだけ文化資本が豊かになったということですね。

まとめ

貧しいということは単にお金だけの問題ではない。

45

執事やメイドは、なぜパリッとアイロンがかかったキレイな制服を着ているのか？

見せびらかしの消費と代理消費

なぜ人はモノを買うのか、ということを、この本ではずっと考えてきました。ここでは、これまでとは違う観点から、この問題について考えたいと思います。

タワシはゴボウの泥を落とすために使います。コップは液体を飲むために使います。ペンは文字を書くために使います。それぞれのモノには、こうした機能があります。私たちは、機能を買っているのです。

しかし私たちは、いつも機能を求めてモノやサービスを買うわけではありません。例えば、高級外車に乗っている人がいますよね。そういった人は、もし移動のための手段としてクルマが必要ならば、軽自動車でもよいはずです。なぜ軽自動車ではなく、高級外車ではなくてはならないのでしょうか？

安全性が高いから、居住性が良いから、デザインが美しいから、といったいろいろな理由があると思います。これらの機能は、軽自動車にはないか、不十分だったりします。

ではそれだけが理由でしょうか？　もしかしたらその人は、自分がお金持ちであることをアピールしたくて、高級外車に乗っているのかもしれません。これをソースティン・ヴェブレン（1857-1929）という100年以上前に生まれた学者が**見せびらかしの消費**と名付けました。これについて考えてみましょう。

突然ですが、「トロフィーワイフ」っていうことばを聞いたことがありますか？金持ちの妻になった若い美人のことを指すことばです。アメリカの年老いた富豪が親子ほど年の離れたモデル出身の美人と結婚するといった例って結構ありますよね（世界一有名なあの夫婦のことです）。そんな金持ちにとって、若い美人の妻は、自分が成功者であるとか、金持ちであるということを世にアピールするための「トロフィー」だと、このことばは言っているのです。

誰と結婚しようが人の勝手ですし、トロフィーワイフという表現は、その女性に対して大変失礼です。ただ、この考え方は、見事にヴェブレンの見せびらかしの消費という古典的コンセプトにフィットするものです。

見せびらかしの消費とは、このように自分がリッチであることをアピールするために消費をするということです。ですから消費の対象は、必ずしも機能が備わっている

必要はありません。高級外車は、機能性がゆえに選択されていることもあるでしょうが、一方で、見せびらかしの手段として役に立つから選択されているのです。

では、見せびらかしの消費は、金持ちだけがすることなのでしょうか？　そんなことはありません。アピールの内容が金持ちだということではなく、趣味の良さとかオシャレのセンスだったりすることがあります。その21世紀的な典型例は、インスタグラムでのキラキラアピールです。インスタグラムにアップしたラテアートは、美味しいからという理由だけで買われたわけではありません。ラテアートのようなオシャレアイテムを楽しんでいることを、みんなにアピールしたいのです。

ちょっとシニカルな分析ですが、こういったシニカルさが、ヴェブレン理論の真骨頂です。

見せびらかしの消費とともに、ヴェブレンは**見せびらかしの余暇**ということばも残しています。金持ちはなぜ礼儀作法を身につけているのでしょうか？　身分が高いからでしょうか？　ヴェブレンは、こう考えます。

本当にお金持ちだったら、あくせく働く必要はありません。貧乏人にはないヒマがあります。一方で、礼儀作法は身につけるのにとても時間がかかります。そんなもの貧乏暇なしの人たちは身につけることなどできません。しかし金持ちはヒマがあるから洗練された礼儀作法を身につけることができます。

これは言い換えるならば、なにをしないでも生きていけることをアピールするために、金持ちは礼儀作法を身につけているのだ、と言えます。こんな風に考えるヴェブレンは相当の偏屈者ですね（笑）。

これは教養とか趣味についても同じです。ワインに詳しいとか、トライアスロンをしているということは、単にそれらが好きだ、ということだけではありません。ワインに詳しくなるためにも、トライアスロンの練習をするのも、時間がかかります。そんな時間が作れる余裕があることをアピールしているという見方ができるのです。

さらに言うと、ヴェブレンは「**代理消費**」や「**代理余暇**」というキーワードも残しています。

金持ち夫の妻は、高級な装飾品やドレスで着飾っています。また主人に仕える執事やメイドは、パリッとアイロンがかかったキレイな制服を着ています。なぜでしょうか？　オシャレ好きだからとか、キレイ好きだから、とヴェブレンは考えません。そうじゃなくて、主人の栄光をアピールするために、夫人や執事やメイドはキチンとした格好をするのです。これを代理消費と言います。

代理余暇も同じロジックです。夫人が茶道や華道をたしなんだり『源氏物語』を全巻読み通すのも、それだけの余暇があり、そんな余暇を提供できる金持ちの夫の素晴らしさをアピールするためなのです。

まとめ

モノやサービスは見せびらかすためにある。

ヴェブレン的世界においては、モノやサービスは、機能を提供するものではなく、他者へのアピール手段です。これは、偏った見方かもしれません。19世紀のアメリカ社会を踏まえた時代錯誤的なものかもしれません。しかし、世の中を違う角度から眺めることができます。いちどヴェブレンに憑依（ひょうい）するのはいかがですか？

46

時の首相夫人も着たミニスカート

トリクル・ダウン理論

タンスの肥やしになっている古い服ってありますよね。久しぶりに引っ張り出して着てみると、なんか古くさくてちょっと着られないかな、と思って、またタンスに戻す。断捨離すればよいのですが、破れたりして着られなくなったわけではないので、また肥やしになります。

私たちが、服を着なくなるのは、すり切れたり破れたりしたからだけではありません。「流行遅れ」になったから着なくなるのです。流行なんてなければいいのに、と思う人もいれば、流行っているファッションに心ときめく人もいると思います。なぜ流行が起こるのでしょうか。そこで登場して頂くのは、ゲオルグ・ジンメル（1858-1918）という1世紀以上前に活躍した哲学者・社会学者です。

ジンメルが生きたヨーロッパは階級社会でした。そのため階級の違いが流行を生み出すメカニズムで大きな役割を果たすと考えました。それを次のように図解してみま

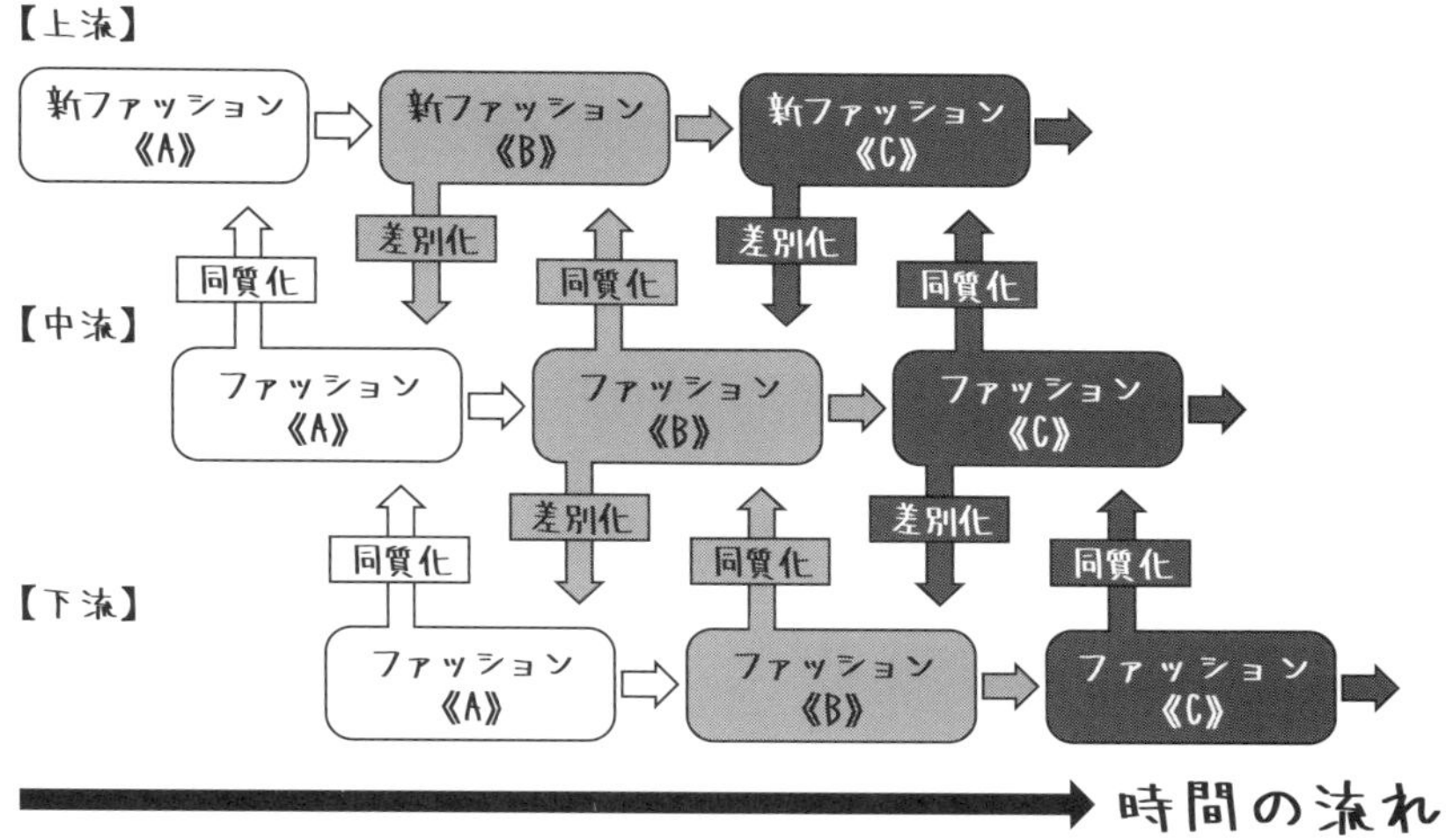

した。3つの階級からなる世の中を仮定してみます。

流行は上流階級から生まれます。図で言うと新ファッション《A》です。この《A》は、しばらく経つと、その下の階級である中流階級の間にも拡がります。なぜかというと、中流階級は上流階級に憧れを抱いており、同じような存在になりたいからです。それをこの図では「同質化」と呼んでいます。

しばらくすると、中流階級でも広まった《A》を下流階級もまた真似し始めます。なぜなら下流階級は中流階級に憧れを抱いており、同質化したいからです。

その一方で、上流階級は《A》を身にまとうことを嫌がり始めます。なぜかというと、下々の人々、つまり中流階級が同じ《A》を着ているからです。中流階級とは一緒にされたくないのです。それをこの図では「差別化」と呼んでいます。そこで、上流階級は《A》を捨てて新ファッション《B》を着るようになります。

同様のことは、中流階級と下流階級の間でも起こります。中流階級は、下流階級と一緒にされたくないので、上流階級に遅れて《A》を捨てて、そして憧れの対象である上流階級が採用した《B》を着るようになります。中流階級に憧れる下流階級は、今度は《B》を着るようになります。

みなさん、もうお分かりだと思いますが、上流階級は《B》を捨てて《C》を着るようになります。そして滴り落ちるように、《C》が中流階級や下流階級に普及していきます。こうして新ファッション《D》《E》《F》……が次々と生まれ、それらが下の階級に広まっていくのです。

いま滴り落ちると言いました。このたとえから、ジンメルの流行理論は、**トリクル・ダウン理論**と呼ばれています。「トリクル・ダウン」とは、まさに「滴り落ちる」という意味です。

この理論で想定されている人間像は、誰かと同質化したい一方で、誰かから差別化したいという気持ちを抱いている、というものです。図では、中流階級から同質化と差別化の矢印が出ていますよね。このように同質化と差別化という真逆の価値観を抱いている人間を想定しているということで、トリクル・ダウン理論は「両価説」と呼ばれることもあります。

さて、21世紀現在のこの世の中では、流行はどのように生まれているのでしょうか？　上流階級からトリクル・ダウンしているのでしょうか？　確かに現在も階級というものは存在していますが、どうもそれだけではないようです。

例えば、デニムはもともと、ゴールドラッシュ期のアメリカの鉱夫の作業着だったということはご存じだと思います。しかし今では3万円を超えるような高級ブランドのデニムまでありますよね。ハイファッションに取り込まれていったのです。

あるいは、ストリートファッションだったミニスカートは、フランスのファッションデザイナーであるアンドレ・クレージュによって１９６５年に発表されると、世界的な人気を博すようになりました。特にイギリス出身のモデルのツイッギーは、ミニスカートの普及に大きな役割を果たしたと言われます。彼女は１９６７年に来日し、日本でもミニスカートブームが起こります。１９６９年には、佐藤栄作首相夫人が訪米したときにミニスカートをはいたことも話題を呼びました。

デニムとミニスカートは、ファッションは上流階級から下流階級に滴り落ちたのではなく、逆に「滴り上がった」例だと解釈できます。これを**トリクル・アップ**と言います。労働者とかストリートの人々のファッションは、ジンメルの生きた時代であれば、上流階級が採用すべきものではありませんでした。しかし、現在ではそれも「あり」になったのです。

さらに階級という軸ではなく、オシャレへの関心度という軸で言えば、この「追いかけっこ」のようなトリクル・ダウン理論は成り立ちそうです。

いま短めのパンツで「くるぶし」を出して白いスニーカーを履いている男性がたくさんいます（この前、そういった人は「くるぶし系」と呼ぶと新聞社の人が教えてくれました）。オシャレに敏感な人が始めてから、数年経つと、そうでなさそうな人（失礼）も、同じような格好をし出します。このファッションがもっと普及すると、おそらくオシャレ先端層は嫌気が差して、くるぶし系から引退して、別のファッションを採用するだろうと予想できます。実際、もうそんな人は出てきていると思います。

こういった例は枚挙にいとまがありません。ぼくが初めて教えた頃のゼミの学生が「裏原宿系」についての卒業論文を書きました。彼が調べたところによると、裏原宿系がブームになると、同じような店が裏原宿でたくさん出店するようになります。そうすると、先駆け的な裏原宿ブランドはそれを嫌がって、別の場所に移転したそうです。普及してしまった裏原宿系と差別化しようとしたのですね。
ファッションって難しいです。なにがオシャレなのか、ということを理解できる狭いコミュニティでの暗黙の了解が広く一般人に広がると、その了解がご破算になるのです。オシャレであることと希少性は裏腹の関係にあるのです（裏原とのダジャレじゃないですよ）。こうした問題を考える上で、トリクル・ダウン理論という古めかしい理論は今でも役に立ちそうです。タンスの肥やしにしておくにはもったいないですね。

まとめ

ファッションとは追いかけっこである。

47

オタク文化はもうオタク文化ではない？

サブカルチャーとスティグマ

「サブカル」って聞くとどんなものを思い浮かべますか？　マンガやアニメでしょうか？　あるいは、下北沢にいそうなボサノバと古着とヴィレッジヴァンガードが好きなサブカル女子でしょうか？

サブカルチャーとは、メインカルチャー（支配的文化）に対峙（たいじ）する少数派の文化という意味です。ある集団に特有の価値観によって形成された文化であり、メインカルチャーとの矛盾や対立を内包しています。例えばサブカル女子なりサブカル男子なりは、J－POPとかマクドナルドが好きな普通の人たちとは違うことをアピールします。まさに「一般人」との矛盾や対立をほのめかしているのです。

ただサブカルチャーは、こういった趣味やファッションに基づくものに限りません。人種や民族に基づくサブカルチャーや、宗教に基づくサブカルチャー、世代に基づくサブカルチャーもあります。

例えば、東京・大久保のコリアン・タウンのように民族に基づくサブカルチャーがあります。あるいは、イスラム教徒の人たちも日本に暮らしており、宗教に基づくサブカルチャーもまた存在します。世代に基づくサブカルチャーは、団塊の世代とか、バブル世代などを思い浮かべてみてください。

このように世の中にはいろいろなサブカルチャーがありますが、ここでは趣味やファッションに基づくサブカルチャーについて深掘りしましょう。

サブカルチャーに似たことばに、カウンターカルチャー、ユースカルチャーがあります。**カウンターカルチャー**とは、支配的文化に対して敵対し反逆するサブカルチャーのことです。一方、**ユースカルチャー**とは、若者が、大人たちの支配的文化に対抗して、自分たちの「世代」としての独自性を主張すべく形成したサブカルチャーのことです（世代については49も参照して下さい）。

カウンターカルチャーでありユースカルチャーであるサブカルチャーの例として、1960年代のイギリス、特にロンドンを中心に広がった若者文化「モッズ」について見てみましょう。彼らは、ウエストを細く絞った花柄の派手なシャツに、スリムパンツや裾の広がったパンツをはいて、ネクタイを締めていました。そして、スクーターを改造して乗りまわしていました。このスクーターやネクタイは、普通の人たちが使っていたものですが、それをあえて反逆のシンボルとしてモッズが使ったのです。どういったことでしょうか？

ディック・ヘブディジという人の『サブカルチャー』（山口淑子訳、未来社、１９８６年）という本がこのモッズについての面白い分析をしています。この本の中に、「スクーターは、一点の非の打ちどころもない輸送手段であったが、一転して、グループ団結の威嚇的なシンボルになった」とあります。改造したスクーターには、移動のためには不要なライトが10個以上、付けられたりしていました。こうした機能とか性能といった普通の価値観に反逆することで、単なる輸送手段であるスクーターを、モッズというカウンターカルチャーのシンボルに仕立てあげたのです。

あるいはこんな話もあります。「サラリーマン世界の伝統的なしるし――背広、カラーとネクタイ、短くなった頭髪など――から、それらの本来の機能――機能性、野心、権威への従順――を奪い去って、それらを『空虚な』呪物、求められ、愛撫され、物自体の価値を尊重されるものに変形した」。スーツは言ってみれば会社人間、組織人を意味するシンボルです。しかしあえてこのシンボルを着こなすことで、このシンボルの背景にあるメインカルチャーをあざ笑うためのシンボルに変えてしまったのです。

ただ考えてみると、モッズというサブカルチャーが成立するためには、メインカルチャーがしっかりと存在する必要があります。なぜならサブカルチャーは、とりわけカウンターカルチャーは、対抗したり反逆したりする「相手」がいてこそ成り立つからです。もしサブカルチャーが多くの人たちに受け入れられてしまったら、そのサブカルチャー自体がメインカルチャーになってしまいます。

サブカルチャーがメインカルチャーになった顕著な例は、日本でのマンガやアニメといった「オタク」文化ではないかと思います。かつて「オタク」は気持ち悪い人たちというネガティブなイメージがありました。分厚いメガネをかけていて、ママが買ってくれたオシャレとは程遠い服を着ていて、スクールカーストの底辺にいて、女の子と話すこともできず、でも「萌え」について一家言あり、コミケに異常なぐらい熱心だ、などです。モッズもオタクも同じで、社会から疎外されるという側面がどうしてもあります。なぜかというと、こうした色眼鏡で見られるからです。これが時として、スティグマを生み出すことがあります。

スティグマとは、身体障害者や売春婦といった特定の人たちに対して与えられた否定的なイメージのことを言います。体の一部が欠けていたり、身体を売る仕事をしたりするということが、差別される理由になっている、と論じたのは、印象管理（⬇36）について論じた社会学者アーヴィング・ゴッフマンでした。

　こういったスティグマがオタクに対して与えられてきたということは、みなさんも容易に想像することができると思います。例えば「キモオタ」なんて言い方は、あからさまにスティグマを与えていますよね。

　昭和の昔には、大人がマンガを電車で読むことですら批判されていました。しかし今では大人であろうと誰であろうとマンガを読むことはとても普通のことになっています。さらに言えばコミケのようなイベントは、オタクだけのためのものではなくなりました。授業で「コミケに行ったことがある人、手を挙げて」と聞くと、結構な数の手が挙がります。「わたし、〇〇オタクなんですけど」と学生もよく言います。つまり若い世代にとっては、かつてのサブカルチャーがメインカルチャーになったのです。

メインカルチャーが嫌いだけれども、メインカルチャーありきのサブカルチャー。その矛盾に気づくと、消費を通じた反逆とか反抗という行為の「わびさび」が見えてくると思います。

まとめ

サブカルがサブカルであるためには、メインカルチャーの存在が不可欠。

48

「汁なし担々麺」なるものが出てきた件について

脱エスニック化とピザ効果

日本に住んでいても、いまでは世界各国の料理を食べることができます。中華を、フレンチ、イタリアン、タイ料理といろんなものを食べることができるのはありがたいことですね。

最近は、たくさんの中国人観光客が日本に来ています。彼らの目当てのひとつはラーメンです。「あれっ、ラーメンは中華料理じゃない？」と思った人、いませんか？中国には、もちろん汁に入っている麺料理はありますが、それは日本で食べられているラーメンとは違うものです。日本で独自の進化を遂げたのです。

こういった例っていろいろありますよね。例えば天ぷらは、もともとはポルトガル料理だという話も、聞いたことあると思います。16世紀に鉄砲と一緒に、天ぷらのもととなる料理が伝来したと言われています。

日本人は、こういったことをするのが好きですね。イタリアのパスタを、たらこスパゲティにしたり、ジェノベーゼソースを大葉で作ったりと、アレンジしちゃいます。ベーグルは、もともとはユダヤ人の食べ物ですが、ヨモギや野沢菜を練り込んだものが、日本で食べられています。

このように、ある国や民族の料理が別の国で食べられるようになると、もともとの料理から独自の進化を遂げることがあります。これを**脱エスニック化**と言います。これは日本だけで起こっているわけではありません。例えば、アメリカ人はピザが大好きですが、彼らが食べているピザは、もともとのイタリアのピザとは全く違ったものに進化しています。

脱エスニック化した料理は、時間が経つと複雑な変貌を遂げます。例えば担々麵。最近、「汁なし担々麵」ってありますよね。ぐるりと一回りした面白い脱エスニック化です。

四川省発祥の担々麵には、そもそも汁がありませんでした。これを四川省出身の料理人陳建民さんが、汁のあるものに変えたと言われています。陳建民さんは日本に四川料理を広めたことでよく知られた人です。息子は、「料理の鉄人」で有名な陳建一さんですね。

私たちが知る担々麵は汁があるものです。しかし最近になって、「汁なし担々麵」

というものが売られるようになっています。そもそも担々麵というのは、汁がないのに、わざわざ「汁なし担々麵」と呼ぶのは、「頭痛が痛い」とか「大きな巨人」みたいなトートロジー（同語反復）のようで面白いです。

脱エスニック化に関連することばとして、**ピザ効果**というものがあります。さっきも言った通りピザというのは、イタリア料理ですが、アメリカで独自の進化を遂げています。そのアメリカ流にアレンジしたピザが逆輸入されてイタリアでも食べられているそうです。このように、ブーメランのように脱エスニック化した料理が「帰国」して定着することをピザ効果と言うのです。

ピザ効果はいろんなところに見られます。イギリスでは、チキン・ティッカ・マサラという鶏肉を香辛料で焼いた「インド料理」が作られました。これが今ではインドでも人気があるそうです。

日本食として進化したラーメンも、ピザ効果の一例です。例えば味千ラーメンという熊本に本店があるラーメン店チェーンは、中国に６００軒以上の店舗を構えています。中国で最も成功している日本食レストランのひとつです。中国に起源を持つラーメンが、今では日本食として中国人の間でも楽しまれているのです。

このように考えると、「サードウェーブコーヒー」ブームを作ったブルーボトルコーヒーもピザ効果の一例ですね。ブルーボトルコーヒーの創業者は、一杯ずつドリップする日本の伝統的な喫茶店に感銘を受けて、ドリップコーヒーのチェーンを作ったのです。

脱エスニック化とかピザ効果について考え出すと、料理ってなにが本物なのか、説明するのが難しいのが分かると思います。寿司は、今、世界中で人気です。みなさんも海外旅行先で、日本にはない「トンデモ寿司」を見かけたことがあると思います。アメリカだと、カリフォルニアロールとか、ボストンロールとか、そもそも海苔巻きの表裏が逆になって、シャリが外側で海苔が内側になっています。一説には、海苔を見たこともないアメリカ人が気味悪がるので、内側に巻くようにしたと言われてます。

ぼくもシンガポールでイチゴが乗った寿司を食べたことがあります。これはさすがにあまり美味しくなかったですが(笑)、カリフォルニアロールは好きです。カニかまやアボカドを使うアイディアはなかなかだと思います。ピザ効果が発動して、日本でも食べられるようになると良いな、と思っています。

2006年に、農林水産省が本物の日本食店を認証する「海外日本食レストラン認証制度」を導入しようとしました。「正しい」寿司を世界に広げようというプロジェクトです。その試みは、世界中から「スシ・ポリス」とバカにされたものでした。

その後、このプロジェクトは立ち消えになったようですが、そもそもいろんな外国料理を大胆不敵に改変してきたのは、日本人です。ナポリタン・スパゲティをナポリ人に食べさせたら、きっと驚くでしょう。でも、いかにも昭和なナポリタン、それはそれで美味しいですよね。このように脱エスニック化によって料理は進化を遂げることがあるのです。

まとめ

脱エスニック化は料理のイノベーション。

49

「若者のクルマ離れ」は若者にだけ起こっているのか？

コホート効果と年齢効果と時代効果

若い頃にバブル時代を経験した人たちをバブル世代と呼びます。バブル世代以外にも、団塊の世代、団塊ジュニア世代、ゆとり世代といった呼び名があります。ここでは世代について考えてみたいと思います。

年齢と世代は、似たような言葉ですが、意味が違います。

例えば、ぼくは学生ほどご飯をたくさん食べられません。同じことをしたら、てきめんに太ります。揚げ物を食べ過ぎたら、胃がもたれてしまいます。個人差はあるにしても、年をとると、いろんな意味での老化が起きます。これは年齢の問題です。

学生には「20年後はみんなもそうなるからね」と言っています。大事なポイントは、団塊ジュニア世代（ぼくです）であろうと、ゆとり世代（学生ですね）であろうと、老化は同じように起こるのです。20代の時にできたことが、40代になるとできなくなるのは、世代を問わず共通して起こります。

一方、世代とは、同じ時期に生まれた人々のことを指します。例えば、団塊の世代は、１９４７〜１９４９年に生まれた人々のことだと一般的には言われています。団塊の世代には、その人たちに特有の考え方や行動があります。

例えば団塊の世代が40歳のときと、団塊ジュニアが40歳のときでは、食べる量は同じかもしれませんが、考え方や行動は違います。その理由は、成長するプロセスで経験してきたことが違うからです。

団塊の世代は、若いときに高度経済成長を経験しました。大卒であれば、学生運動に入れ込んだ人も多いです。男性について言えば、企業戦士として仕事中心の人生を送った人も少なくありません。

一方、団塊ジュニア世代は、10代のときにバブル景気がありましたが、20代になる頃から景気が悪くなり、「失われた10年」の入り口あたりで、就職活動をしました。経済が停滞した社会の中で、年を重ねてきました。

この2つの世代の間にあるバブル世代は、お金を使える20代や30代でグルメやファッションや海外旅行を経験しました。好景気やそれを踏まえた時代の高揚感を背景にして、遊んだ経験が豊かなのです。

このように異なる経験をしているがゆえに、異なる世代は、消費者として見てみると、いろいろな違いが出てきます。

例えば、バブル世代とゆとり世代で比べてみましょう。バブル世代は、女は「美魔女」をめざし、男も「ちょいワルおやじ」をめざし、ということで、いくつになっても「女」や「男」であることから降りません。今では雑誌が売れないと言われますが、彼らが年齢を重ねるなかで、40代50代向けのファッション誌が増えていきました。若いうちに、高級車、高級ブランド、高級グルメなど楽しむ経験したので、景気の波はあるにしても、基本的にはずっとそのままそういう楽しみ方をし続けてきたのです。

一方で、ゆとり世代は、所有に対する執着が小さいです。ユニクロなどファストファッションを中心に、さりげない着回しや重ね着でファッションを楽しんでいます。「プラダのどこがいいの?」といった感じで、バブル世代が好きなモノに興味がありません。「若者のクルマ離れ」ということで、クルマがなければ女の子をデートにも誘えない、といったバブル世代的なルールに縛られることもありません。

世代のことを専門用語では「コホート」と言います。そのため世代特有の行動や考え方が見られることを**コホート効果**と言います。一方で、年をとると老いていくという、世代を問わず生じる効果のことを、**年齢効果**と言います。**時代効果**というものもあります。これは、特定の時代の影響を、世代を問わず受けてしまうことを指します。

例えば、バブルの時には世代を超えて財布のひもが緩み、いろいろな消費を楽しみました。

よく「団塊の世代は〜」とか「ゆとり世代だから……」と言います。ただよくよく見てみると、それはコホート効果ではなく、年齢効果なのかもしれないし、時代効果なのかもしれません。

例えば、「最近の若者は〜」というダメ出しは、昔も今もよく言いますが、それは年齢効果なのかもしれません。今も昔も若者はいろいろな意味で経験が少ない人たちです。経験豊かな年上から見て、物申したくなることは、時代を問わず見られることなのです。

あるいは、「若者のクルマ離れ」をコホート効果がゆえに生じたと考えるのならば、年上の世代がクルマ離れをしていないかどうか、確認する必要があります。もし世代を問わずクルマ離れが生じていたとしたら、それは時代効果として解釈すべきなのです。

ここまで読んだ人は、バブル世代はブランド好き、ゆとり世代は消費に興味なし、とずいぶんと決めつけが多いな、と思ったかもしれません。ブランドが嫌いなバブル世代や高級ブランドが大好きなゆとり世代の人もいるはずです。ある世代の全員が同じ好みを持っているわけではありません。

注意しなくてはならないのは、世代のイメージはステレオタイプ（➡34）である、ということです。ステレオタイプとは、当たっているかもしれないし、当たっていないかもしれないイメージのことです。すべてが間違いというわけではありませんが、常に正しいわけではない、ということです。

だからこそ、コホート効果、年齢効果、時代効果の3つに腑分けすることが大事なのです。ステレオタイプとしての世代イメージが本当かどうかチェックするために、この3つの効果に腑分けしてみましょう。

まとめ

世代の特徴に見えるものは、必ずしも世代の特徴とは限らない。

50

お焼香を食べたオスマン・サンコンさんの話

儀礼

儀礼ってすごく儲かる、という話をしたいと思います。

みなさんの多くは、新年に神社やお寺に初詣をすると思います。なんで初詣をするのでしょうか？　しないと誰かから怒られるのでしょうか？　あるいは、天罰でも下るのでしょうか？　そんなことはないですよね。

初詣の仕方は決まっています。鳥居をくぐって、手水舎（ちょうずや）で手と口を清めます。その後に、お賽銭を入れて、鈴を鳴らして、二礼二拍手一礼をします。日本で生まれ育った人ならば、「次になにするんだっけ？」とか考えずに、自然にこの順序をあたかも作業のように進めることができます。

これがまさに**儀礼**です。儀礼とは、決められた手順にしたがって定期的に繰り返される行動のことです。

「決められた手順」というのが第1のポイントです。二礼二拍手一礼は、二礼二拍手一礼でなくてはなりません。六礼四拍手八礼とか、二礼一拍手一礼二拍手一礼とか、勝手にアレンジしてはいけません。同じように、お賽銭を入れた後に、手と口を清めるのもNGです。

「定期的に繰り返される」というのが第2のポイントです。初詣は毎年、新年に繰り返し行われます。初詣なんてしない、という人もいると思いますが、する人はだいたい毎年、初詣をしています。

多くの人々が、毎年繰り返して初詣をすることで、神社やお寺はどれだけ儲かっているのかな、と考えることがあります。お賽銭以外にも、お守り、破魔矢、風車、熊手などを買い求める人も少なくありません。そういったものは、1年経つと、次の初詣の時にお返しして、新しいものを買い求めます。つまり買い替え需要が旺盛な商品カテゴリーなのです。

おみくじもそうですね。5年前のおみくじに書いてあることを信じようという人はいません。今年はどうかな、と思いながら、毎年、新しいおみくじを買うのです。

このように決められた慣習にしたがって、定期的に繰り返される仕組みができているのです。仕組みができてしまうと、こんなに強いビジネスモデルはありません。

初詣がそうであるように、儀礼は消費を生み出します。別の例として、お焼香について考えてみましょう。葬式があったときは参列者全員が焼香をします。葬式に消費という言い方も変ですが、葬式が行われるたびに、焼香が参列者分、確実に消費されるのです。

お焼香の話でぼくが好きな話は、オスマン・サンコンさんが初めて葬式に出たときのものです。今の学生はサンコンさんのことを知らないのですが、１９８０年代のテレビによく出ていたギニア人タレントです。彼は初めて日本の葬式に参列したときに、他の参列者が焼香をして「ご愁傷様でした」と言っているのを「ご馳走様でした」と聞き違えたそうです。なんか食べているのだろう、と勘違いし、自分の番が来たときに、抹香を食べてしまったのです。

確かに焼香を知らない外国人からしたら、後ろから見ていると、焼香を額に押しいただく様子は、なにかを口に入れているように見えるかもしれません。笑い話ではありますが、大事なポイントは、焼香をしたこともないサンコンさんですら、焼香の儀礼に従わなくてはいけない空気がある、ということです。

ぼくの友達（日本人です）は、ある葬式に出たときに、間違って香炉の炭の上に前の人がくべた焼香をつかんでしまったことがあるそうです。普通の状況だったら、「熱っ！」と叫んでいたでしょう。でも葬式のあの状況で叫ぶことなんて、もちろんできません。厳かな雰囲気を壊してはいけないという空気が張り詰めているからです。

このように焼香ひとつをめぐっても、強固なルールとして儀礼が成立しているのです。このルールが成り立つ限り、抹香市場の将来は明るいと言えます。今後、死亡人口が増えることもプラスに作用するでしょう。ただし、密葬など葬儀を簡略化するトレンドはマイナス材料です。

儀礼は、冠婚葬祭に限定されません。私たちの日常生活にも充ち満ちています。例えば、みなさんの中には、朝起きてから仕事や学校に行くまでのルーティーンがある人は少なくないと思います。朝起きたら、コーヒーをいれて、歯を磨いて、シャワーを浴びて、服を着て、朝食を食べて、といった作業のひとつひとつを毎朝、同じ順番でやる人っています。同じ順序じゃないと気持ち悪い、と感じる人もいると思います。

家を出てからも、会社に入る前に必ずスタバに寄るとか、決まった立ち食いそば屋でそばを食べるといった「ルール」を自分に課している人もいるでしょう。

こうしたルーティーンなりルールなりは、**身繕い儀礼**と言います。身繕い儀礼は、プライベートモードの自分から仕事モードなり学校モードなりに気持ちを切り替えるために、多くの人がしている儀礼です。

同じように、仕事帰りに立ち飲み屋で一杯やってから家に帰るというルーティーンがある人もいると思います。これは逆に仕事モードからプライベートなモードに戻す身繕い儀礼なのです。あるいは、女性ならば、家に帰って、クレンジングオイルで化粧を落とすことが、身繕い儀礼になっている人は多いのではないでしょうか？

この身繕い儀礼は、初詣や焼香と同じように、「決められた手順」で、毎日「定期的に繰り返される」のです。この身繕い儀礼の中に、自分たちが売っているモノやサービスが入り込んでくれたら、これほど確実な顧客基盤はありません。朝のルーティーンとしてのスタバ購買は、スターバックスにとってはとても大事なことなのです。

みなさんはどんな儀礼をしていますか？　その儀礼がゆえに、どんな消費をしていますか？　考えてみると面白いですよ。

まとめ

儀礼は消費を生み出す。

51

バレンタインデーの1ヶ月後という絶妙なタイミングのホワイトデー

互酬

バレンタインデーとホワイトデーに贈り物をしていますか？　これって日本独自の年中行事だということはよく知られていますよね。

2月14日のバレンタインデーは、もともと欧米の風習ですね。例えばアメリカでは、花とかカードを、家族や恋人、友人などにあげる日です。しかし、日本では、女性から男性にチョコレートをあげる日になっています。アメリカなどでは、日本のようにギフトをあげる人が女性に限定されていたり、あげるものがチョコレートである必要もありません。

一方、3月14日のホワイトデーは、男性から女性にバレンタインデーのお返しする日です。こちらは、日本で生まれた風習ですね。ちなみに、韓国では4月14日にブラックデーなるものがあるそうです。これは、恋人がいない人たちが黒い服を着て集まって、黒い麵を食べるイベントだそうです。

贈り物について考えてみましょう。贈り物について考えるので知っていた方がよいのは、マルセル・モース（1872-1950）という社会学者、文化人類学者が100年ほど前に書いた『贈与論』（吉田禎吾・江川純一訳、ちくま学芸文庫、2009年）という本での議論です。モースは、贈り物には、贈る義務、受ける義務、お返しの義務の3つの道徳的義務があると言っています。

贈る義務とお返しの義務は分かりますよね。お中元やお歳暮を贈らなければならない相手っていると思います。贈った場合、相手から何らかの返礼があります。バレンタインデーとホワイトデーもまた、贈る義務とお返しの義務があるから成立するのです。

では、2つ目の受ける義務とは何でしょうか？　例えば、呑み会でびんビールを相手についであげることってありますよね。今度、やってみて欲しいのですが、相手が自分のコップにビールをつごうとしたら、すぐさま自分の手のひらでコップに蓋をしてみて下さい。あたかも「おまえのつぐ酒など飲めない」といった意思表示に見えます。きっと雰囲気が悪くなると思います。

このように贈り物は、贈られた場合には、よほどのことがない限り断れないのです。断るということは、贈り主との関係を悪くすることを意味するのです。仲がそんなに

良くない親戚から贈り物をされて、本当は受けとりたくなくても、しょうがなく受けとることなど、よくある話です。

この贈る、贈られる関係を**互酬**と言います。互酬は、特定のパターンに基づいて贈与し合う関係を意味します。「ギブ・アンド・テイク」とか、「ただより高い物はない」という言い方があります。これは、人間がもらったら返さないと気が済まない生き物であることを意味しています。

この互酬をテコにしたマーケティングはいろいろなところで見られます。例えば、デパ地下で試食させてくれるところがあります。あれは、美味しいか、自分の口に合うのかどうか、試しに食べるためのものです。しかし同時に、食べさせてもらった負い目から、買わなきゃいけないという心理的プレッシャーを感じる人が一定数いるのです。「美味しかった、ありがとう」と言って去る人もいますが、試食させてもらったから買うという人もいるのです。

贈られたら贈り返さないと気が済まない、という気持ちは、文化の違いを超えて、割と普遍的にどんな社会にも見られるそうです。しかしバレンタインデーのように、特定の国で独自の進化を遂げたり、ホワイトデーのようにまったく独自の贈答儀礼が生まれたりすることもあります。

いま、儀礼と言いました。**50**で、儀礼とは、決められた手順にしたがって定期的に繰り返される行動のことだと説明しました。贈り物も儀礼です。バレンタインデー、ホワイトデー、お中元、お歳暮を問わず、毎年、繰り返し行われるからです。

ホワイトデーという日本独自の贈答儀礼は、なぜ定着したのでしょうか？　理由のひとつは先ほど言ったとおり、贈る義務と受けとる義務があるからです。贈られっぱなしにならず、返礼ができる「公式」の機会があると、バレンタインデーにチョコを贈られた男性はラクです。

もうひとつ、ぼくが理由として考えるのは、タイミングが適切だというものです。ホワイトデーは、バレンタインデーの1ヶ月後に設定されています。ぼくの手許にある『冠婚葬祭大事典』という本には、「お礼・お返しをするときの心得」として「お返しは早すぎるのも失礼、1週間後から1ヶ月の間」と書いてあります。このエチケットにホワイトデーが見事に合致しているのです。

昔、ボスの日（10月16日）と秘書の日（4月の最終水曜日）という贈答儀礼を、百貨店などの業界が流行らせようとしました。たぶん知っている人はほとんどいないと思います。つまり全然定着していないのです。2つの日は半年ほど空いています。上手くいかなかった理由のひとつは、間が空き過ぎていて「1週間後から1ヶ月の間」にお返しをすべきという日本の不文律に合わなかったからかもしれません。

当たり前のことですが、贈り物には、贈る人と贈られる人がいます。つまり贈り物は原則的に二者間の関係性を映し出します。好きになってもらいたいとか、良い関係を維持したいとか、贈り物にはメッセージがあります。そのメッセージを実現するためには、注意深く贈り物を選ぶ必要があります。

一方で、贈り物は権力関係を示すこともあります。上司が部下におごるというのは、単に気前が良いということではなく、部下が上司の権力下にあるということの再確認でもあるのです。

このように贈り物には二者に見られるメッセージのやりとりなのです。そのメッセージを読み解くことが、贈り物マーケティングで大事なことなのです。

と言って終わろうと思いましたが、例外もあります。それは「自分へのご褒美」です。セルフ・ギフトと呼ばれるこの消費においては、自分しかなく、相手はいないのです。

まとめ

贈り物はメッセージ。

52

死んで聖なる存在になったマイケル・ジャクソンさん

聖なる消費と俗なる消費

私たちは、二分法をしたがる生き物です。草食系と肉食系とか、2つに分けるのが好きです。草食か肉食か、単純に二分できるわけはありません。両者の間には、若干、草食っぽい肉食とか、限りなく肉食に近い草食とか、微細なグラデーションがあるはずです。でも私たちが2つに分けたがるのは、物事を単純化することでアタマを使わないで済み、ラクだからです。

二分法のひとつが、聖と俗という分け方です。エミール・デュルケーム（1858-1917）という昔の社会学者が、宗教の中心的特色を聖と俗の二分法であると考えたのでした。例えば、ゴミのポイ捨てをするような行儀の悪い人も、神社の境内ではそんなことをしないと思います。つまり境内は聖なる場であり、境内の外は俗なる場なのです。

宗教の話だからマーケティングに関係ないだろう、と思った人もいるかもしれません。しかし実は消費においても聖なる世界と俗なる世界があります。ここでは聖なる消費と俗なる消費について考えましょう。**聖なる消費**とは、日常からは距離感があり、敬意と畏怖の念を抱かれているモノや行為などのことを指します。一方、**俗なる消費**は、日常的であり特別ではないモノや行為などのことを指します。

聖なる消費はもともと神聖だったわけではありません。俗なる消費が、あるプロセスを経て聖なる消費に昇華するのです。これを**神聖化**と言います。どういったことでしょうか？

モノを神聖化する方法のひとつとして、コレクション（収集）があります。例えば、ブリキのおもちゃのコレクターっていますよね。ひとつ、ふたつしかないと、興味のない人から見たら、ただのガラクタにしか見えません。しかし1000個とか2000個収集すると、誰もが「すごい！」と思い、なにか崇高なるものを見出すようになります。体系的にモノを集めることで、ガラクタだったモノが、聖なる価値を帯びてしまうことがあるということです。

モノだけでなく、セレブも聖なる存在になることがあります。それは死んだときです。例えば歌手のマイケル・ジャクソンは、1980年代にめざましい活躍をした後に、相当な変人として報道され続けました。整形ばっかりしているとか、隠し子がいるとか、真偽が分からないものも含めて、数多くの「ゴシップ」がメディアに溢れていました。しかし死んだ途端、手のひらを返して「ありがとう、マイケル」という報道一色になってしまいました。

その理由のひとつは、残酷なことですが、聖なる存在になってもらう方が商売になるからでしょう。実際にマイケルの場合、死後に制作されたドキュメンタリー映画「マイケル・ジャクソン　THIS IS IT」は大ヒットしました。

モノや人に加えて、場所も神聖化されることがあります。2001年9月11日に発生したアメリカ同時多発テロ事件の標的となったニューヨークのワールドトレードセンターの跡地は、「グラウンド・ゼロ」として聖地となっています。

いま聖地と言いました。きっと「聖地巡礼」というキーワードを思い浮かべたと思います。聖地巡礼もまた、場所が神聖化する例です。東京・四谷の須賀神社前階段は、アニメ映画「君の名は。」の聖地として、多くの人が訪れています。ネット情報によると、主人公の瀧と三葉が再会する場所、ですね。ちょっと自信がないのは、ぼくはこの映画を飛行機で居眠りしながら見たからです。展開が早くていまいち筋を追い切れませんでした。

それはさておき、この階段、「君の名は。」がヒットする前は聖地だったんでしょうか？　そんなことないですよね。単なる階段だったはずです。しかし多くのファンが

「巡礼」することによって聖なる場所になっていったのです。
最近は、アニメを製作する段階から、聖地巡礼をあてこんで作っている例もあるようです。さらには、訪日観光客も聖地巡礼をするようになりました。このように神聖化することで、様々なビジネスが生まれるのです。

イベントもまた神聖化することがあります。例えば、オリンピックの聖火リレーを思い浮かべて下さい。聖火は、ギリシャのオリンピア遺跡で太陽光を利用して採火されます。それを聖火ランナーたちがリレーをして、開会式の開場まで届けられます。そして、開会式当日、競技場に設置された聖火台に点火されます。これは決められた手順にしたがって定期的に繰り返されるという意味で、まさに儀礼（➡50）です。儀礼を行うことでオリンピックは聖なる存在になるのです。

「24時間テレビ」では、毎年チャリティーマラソンをします。これって聖火リレーと同じロジックで、「24時間テレビ」を神聖化しているのです。

神聖化の逆が、**脱神聖化**です。脱神聖化とは、神聖化されたモノやシンボルが、それが生まれた場所から切り離されたり、大量生産されたりする場合に生じます。宗教は多かれ少なかれ脱神聖化していると言えます。例えば、クリスマスは、日本では宗教的というより商業的なイベントになっています。

まとめ

神聖化すると生まれる商機がある。

大量生産が脱神聖化を促すというのは、土産物を考えると良いと思います。パリの観光地では、道ばたでエッフェル塔のミニチュアがたくさん売られています。ぼくももらったことがありますが、これって、みうらじゅんの言うところの「いやげ物」ですね。エッフェル塔は当たり前ですが世界にひとつしかなく、パリまで行かなければ見ることはできません。しかしミニチュアが大量生産されることで、キッチュで陳腐なものになって神聖さが失われるのです。

聖と俗という二分法、二分法ならではのアタマの節約に役立ちそうです。しかしその一方で、これまで見えなかった消費のありようが見えるレンズでもあります。ぜひ世の中を聖と俗という二分法で覗いてみて下さい。

53

「うちの嫁が怒っているので先にドロンする」という日本固有のジェスチャーについて

ハイコンテクスト

日本では「空気を読め」とよく言いますね。空気が読めない人は、KYと呼ばれ揶揄されます。こうした言い方は、言葉でいちいち説明されずとも、相手の意向や集団のコンセンサスを読み取るべきだ、という価値観に基づくものです。

言葉にせずにコミュニケーションをとることを、**ハイコンテクスト**と呼びます。日本はハイコンテクストな社会と言えるでしょう。こうした社会では、身振りやジェスチャーが多く使われます。

授業で説明するときに出す例が、(a)片手の小指を立ててから、(b)両手の人差し指を角のように頭の両脇に付けて、(c)忍者がよくやっている両人差し指を立てるポーズをするというジェスチャーです。実際にやってみて、「これってどういう意味?」と学生に聞きます。

多くの学生はアタマの中が「?」だらけになって、きょとんとしているのですが、

物知りの学生が、「男の人が、呑み会とかで一緒に呑んでいる相手に『（a）うちの嫁が（b）怒っているので（c）先に帰る』ということを伝えるジェスチャーだ」と答えてくれます。社会人だと、だいたいの人がこのジェスチャーの意味を知っています。このようなジェスチャーは、同じ社会に属していても知らない人もいるという意味で、非常にハイコンテクストです。

昔の総理大臣で、揚げ足を取られないように「言語明瞭、意味不明瞭」な答弁を繰り返す人がいました。このようなことが可能だったのは、ハイコンテクストな社会だからです。

ハイコンテクストの逆がローコンテクストです。ローコンテクストの社会では、言語による明確なコミュニケーションが求められます。「言語明瞭、意味明瞭」ですね。日本人と違って、アメリカ人はローコンテクストだと言われます。

物事をはっきり明確にして説明しないと気が済まない人たちですから、例えばアメリカでは比較広告がよく見られます。競合しているブランドに比べて25％長持ちするとか安いといったことを強調します。一方、日本では明確に比較することは視聴者に好まれていません。そのため競合ブランドより優れていることをハイコンテクストな形で伝えないといけないのです。

ハイコンテクストとローコンテクストの違いは、グローバル・マーケティングをするときに直面する壁になります。

ローコンテクストな国で、ハイコンテクストなコミュニケーションを図っても、「空気」に充ち満ちている意味をローコンテクストな消費者に伝えることはできません。例えば、犬のお父さんが出ている携帯電話のＣＭは英語に翻訳しても、アメリカ人にその面白さを伝えることは難しいと思います。

一方、ハイコンテクストな国で、ローコンテクストなコミュニケーションを図っても、直截（ちょくせつ）に過ぎてハイコンテクストな消費者には響きません。アメリカでの接客は、洋服屋でもレストランでも、非常にカジュアルでストレートです。それに慣れていない日本人は、丁寧じゃないと不愉快に思う人もいます。

以前、カップルの関係を描くテレビＣＭの日米比較をテーマにゼミで議論したことがあります。ちなみに、うちのゼミでは、なにをどのように議論をするのかということも司会担当の学生が考えて準備してきます。

日本のものは、昭和のウィスキーのテレビＣＭでした。そのＣＭでは、娘が結婚相手を初めて家に連れて来て父親に紹介する場面が描かれていました。気まずい雰囲気の中、突然、父親が台所に下がります。それを追った娘が小声で「いい人でしょ？」と言います。それに対して父親はこう答えます。「殴らなくて良かったな」と。

うちのゼミには、留学生が多いのですが、そのときにいたタイ人と中国人の女子学生がきょとんとして「なんでそんな幸せなシーンで『殴る』なんて言うの？」と聞いたのです。本当に不思議そうにたずねてきたので、「日本人の学生がきちんと言語化して説明してみて」とぼくが指示しました。

そこで日本人の女子学生が「父親は自分の娘のことを、自分の持ち物だと思っていて……」と話し出し、すぐに自分で「いや持ち物じゃないし！」と自分に突っ込んでいました。こういったシーンって日本人ならば、なんとなく理解できます。しかしことばで説明するのがとても難しいのです。つまり、とてもハイコンテクストなんです。

比較対象のアメリカのものは、ドーナツか何かのテレビＣＭでした。ティーンエイジの時に出会ったカップルが、ドーナツを食べながら、幸せな老夫婦になっていく、という内容で、分かりやすい。日本人もタイ人も中国人もアメリカ人も理解できます。もちろんそこにコンテクストがないわけではありません。好きな者同士が結ばれるのが幸せという考え方（これをロマンチック・ラブ・イデオロギーと言います）が前提としてあります。この考え方は、いまでは多くの文化圏で共有されています。そうなることでこのテレビCMのメッセージはローコンテクストになっているのです。

日本のマーケティングに関してハイコンテクストだなあと思うのが、「おもてなし」という言葉です。飲食など、日本のサービスの海外展開で難しさに直面することが多いのは、日本人の観点から「おもてなし」を追求しても、現地の消費者が、そもそも気づきすらしない、ということです。知覚されないサービスは、いくらがんばっても過剰な努力投入でしかありません。自分たちがやっていることが、いかにハイコンテクストなのか、ということは、日本のマーケターはみんな、いちど考えるべきだな、と思います。

まとめ

「空気」は読み過ぎてもいけない。

おわりに

第1部の最初で、マーケティングは「ありがとう」と「おかね」をもらうこと、と説明しました。その時に、むかし「マーケティングはモーケティング」と言われたことがある、という話をしました。この本を終えるにあたりモーケティングについて、今一度、考えてみたいと思います。というのも「この本のタイトル、『マーケティングはモーケティング』にしません？」と提案したら、担当編集者の朝田さんが、優しくクールに却下したからです。

マーケティングはモーケティングです。モーケティングのモーってなんでしょうか？もちろん牛の鳴き声ですね。ところで、牛って英語でなんて言いますか？　はい、cowですね。なんと！「買う」じゃないですか？　なるほど、つまりマーケティングというのは、お客さんに買って頂く、ということなんですね。

この本では、お客さんに買って頂く上で役に立つ「ことば」を53個紹介してきました。ぜひこれらのことばというサーチライトを使って、世の中を眺めてみて下さい。

お客さんについて、多少でも見通しが良くなったり、発見があったりすれば幸いです。そうなるためには、一度、実際に使って眺めてみるということが大事です。使ってみると、使い勝手が良いものと良くないものがあるかもしれません。自分にとって役立つものを見つけてみましょう。

もうひとつ付け加えると、こうしたことばを血肉にするためには、使うだけでなく、3人ぐらいの友達にそのことばについて説明してみると良いと思います。だんだん説明が上手になると、そのことばが身についたという証拠です。そうなると、どこにでも持ち運び可能なサーチライトになるはずです。

最初に書いたとおり、この本は、ぼくが授業で話した小話がベースになっています。その意味で、くだらない小話に付き合ってくれた学生に感謝したいと思います。

またこの企画を考えてくれて実現してくれた朝田さんにも感謝です。「cakes」で連載することができたおかげで、原稿を書くことができました。やってみるとなかなか大変でしたが、肩の力を抜いてエッセイを書くのは楽しかったです。その楽しさが伝われば嬉しいです。

2018年7月

松井　剛

市場を創ることば

もっと楽しむためのキーワード

人物名

企業・ブランド・作品名

本書は、「cakes」にて２０１７年10月から２０１８年９月まで連載された「今さら聞けないマーケティングの基本の話」を改稿したものです。

松井剛 まつい・たけし

1972年生。一橋大学経営管理研究科教授。専門はマーケティング、消費者行動論。
著者に『ことばとマーケティング』（碩学舎）、共著に『欲望する「ことば」』（集英社新書）『1からの消費者行動』（碩学舎）など。

カバー・本文イラスト　田渕正敏
図表　小野寺美恵

いまさら聞けない マーケティングの基本のはなし

2018年9月20日　初版印刷
2018年9月30日　初版発行

著者　松井剛
装丁・本文デザイン　小口翔平＋岩永香穂（tobufune）
発行者　小野寺優
発行所　株式会社河出書房新社
〒151-0051
東京都渋谷区千駄ヶ谷2-32-2
電話03-3404-1201（営業）
03-3404-8611（編集）
http://www.kawade.co.jp/
組版　株式会社キャップス
印刷・製本　株式会社暁印刷

Printed in Japan
ISBN978-4-309-24883-7